지속가능한 공생적 ESG

붓다 경영

지속가능한
공생적 ESG

붓다
경영

선지 지음

담앤북스

꽃이 지면 별이 된다

숲이 있어 쉴 수 있다

해가 지면 칠흑 같은 어둠이 내리던 산은 어린 나에게 두려움의 대상이었다. 어머니(서해란 여사)를 따라 처음 올라가 본 산에는 어른들이 말하던 무서운 호랑이 대신, 세상과는 다른 세계가 있었다. '왜 저 사람들은 산속에서 알아듣지도 못하는 말을 하며 사는 걸까?' 유년 시절의 그 궁금증이 씨앗이 되어 결국 나도 지금 산에 살고 있다.

산은 나에게 필연이었다. 어느덧 산은 내게 동경이 되어 이 산 저 산 기웃거리며 시간을 보냈고, 석양 노을 언저리에 팔공산 동편에 자리를 틀었다. 산사의 운해(雲海)가 층층으로 펼쳐지던 은해사의 평온한 그 날. 출가 은사 운곡돈관(雲谷頓觀) 큰스님 문하에 불가(佛伽)의 연(然)으로 세존 법통을 이었다.

물고기는 쉼 없이 지느러미를 흔들어야 한다

이 책은 불교적 관점에서 ESG(친환경 Environment, 사회적 책임 Social, 지배적 구조 Governance)를 이해하고 '공생적 ESG 경영'을 제안하기 위해 기술되었다. '공생적(共生的)'이라는 말은 부처님께서 설하신 연기법의 원리에 따라 모든 존재가 서로 의지하고 관계를 맺고 있음을 뜻한다. 공생적 ESG 경영은 이것이 인류의 공존과 번영, 지속가능한 발전을 위한 전제 조건이라는 점을 강조한 용어이다.

이러한 공생적 ESG 경영은 사회의 이익 증가와 행복을 위한 종합적인 노력으로, 불교계는 다음과 같이 수용할 필요가 있다. 첫째, 사회가 공감하는 공생적 ESG 경영을 명문화한다. 둘째, 공생적 ESG 경영 사상과 추진 전략의 방향성을 설정한다. 셋째, 이노베이션(Innovation) 시스템 연계에 의한 지속적 성장을 지향한다.

5

인류의 지속가능한 발전과 인간적인 삶을 유지하기 위한 ESG 경영은 사회와 환경의 공멸 위기를 극복하기 위한 대안이다. 더 나아가 공생적 ESG 경영은 사찰 및 종단 산하 기관의 운영과 평가에 공정성과 투명성을 높이려는 실천적 노력이다. 그리고 불교계 종단, 각급 사찰과 산하 기관의 적극적 참여는 지역 주민들의 행복과 불자 · 승려 · 종무원 더 나아가 인류를 위해 헌신하겠다는 의지의 표현이라고 할 수 있다.

가야 하는 길이면 흐름을 타라

ESG는 역사적 과제이다. '잠시의 흐름이 아닐까'하는 의구심이 있을 것이다. 불교계에도 '그렇게 민감할 필요가 있을까'하는 인식이 만연하다. 하지만 '2050 넷 제로(Net Zero) 선언'은 국내는 물론 전 세계적인 현상이 되었다. 과연 불교는 자유로울 수 있는가? 적어도 ESG가 무엇인지, 왜 실천해야 하는지에 관심을 가져야 한다. 다소 늦은 감이 있지만 찬란한 문화를 이어받은 현전승가(現前僧伽)와 미래 세대가 살아가야 할 터전을 보존하기 위해 ESG를 불교적 관점으로 포용하는 노력이 필요한 시점이다.

인간의 편리를 위해 그간 환경이 얼마나 많이 훼손되었는지 우리는 알고 있다. 반딧불이, 고추잠자리, 개구리, 나비 등이 사라지고 있다. 그러나 이를 개선하기 위해 참고할 만한 선례가 별로 없고 친절하게 가르쳐 주는 매뉴얼도 찾기 힘든 상황이다.

사실 우리는 공생적 ESG 경영 실천 방안을 알고 있다. 사찰이 새롭게 결정해야 하는 것이 아니다. 이미 존재하고 살아가는 방식이나 관행을 어떻게 바꿀지를 두고 신중히 결정하는 것이다. 공생적 ESG 경영은 소통과 협력의 길이다.

행복은 행복한 생각을 할 때 있다

소납(小衲)이 수행하는 과정에서 사찰은 나에게 많은 배움을 주었고, 대중의 살림살이를 바르게 이끌어 주시는 은해사 회주 송천돈명(松泉頓明) 큰스님이 계셔서 행복했다. 불교포교학을 공부하면서

승가의 삶과 사회의 관계를 실천적 논의와 학문적 연구로 많은 가르침을 주신 중앙승가대학교 김응철 교수님은 가뭄의 단비 같은 존재였다. 본 졸고(拙稿)를 학위로 이끌어 주신 동국대학교 조기룡 교수님께도 무한한 감사를 드린다.

삼보에 분향 정례하옵고, 중앙승가대학교 총동문회장 성행 스님과 임원진에 심심한 감사의 인사를 올린다. 그간 연구 자료를 정리하고 뒷바라지해 준 선아 스님과 공심 사무장님의 노고에 수희 찬탄을 한다. 그리고 죽림사 신도회장님과 신도회 여러분께도 감사하다.

책 발간에 도움을 주신 황선희 · 김동련 사장님, 박연화 이사님, 천산 · 추미정 · 김명숙 · 진부원 보살님과 특히 물심양면으로 성원해 주신 ㈜트라이앵글 김득환 · 송학산업 이종익 · ㈜금전사 금교춘 · ㈜금천그린 서진영 · ㈜다이아몬드스틸 우병수 대표님의 깊은 고마움에 두 손을 모은다. 또 출간하기까지 적극적으로 도와주신 담앤북스 오세룡 대표님과 직원 여러분께 감사드린다.

이 책이 공생적 ESG 경영을 이해하는 데 도움이 된다면, 또 불교계의 환경 · 사회 책임 · 지배 구조를 해결하는 실마리가 된다면 저자로서 더 바랄 것이 없을 것이다. 원고를 마무리하는 길에 새로운 방향이 보였다. 노력에도 불구하고 데이터 분석으로 고민했던 영역이 중요하다는 점을 명확히 하고 다시 길을 재촉할 것이다.

나무 마하 반야 바라밀.

불기 2569년 좋은 날
흐르는 대로 **선지** 두 손 모음

CONTENTS

붓다 경영과
불교의 미래

전 세계가 지속가능한 미래를 위한
ESG 경영에 주목하고 있는 상황에서
오늘날 불교계가 추구해야 할 미래 또한
다르지 않음을 직시해야 한다.

붓다 경영이
지금
필요하다

·

　　최근 한국 불교계에서는 사찰과 종단 운영에 경영 이론을 도입해 발전 방안을 모색하는 사례가 등장하기 시작했다. 지금까지 한국 불교계는 종단과 교구의 기치 아래 관료 시스템으로 운영되어 온 경향이 두드러졌다. 그러나 근래 단위 사찰 가운데 일부 우량 사찰에서 경영적 관점으로 운영하려는 새로운 움직임이 나타나고 있다. 그 이유는 사찰을 운영하며 발생하는 재정적 어려움과 사회법 적용으로 비롯되는 문제점을 해결하기 위해 일반 기업의 경영 이론을 도입할 필요성이 높아졌기 때문이다. 사회적으로도 사찰과 종단의 운영에 법적 합리성, 공익성의 유지, 수입과 지출의 조화로운 균형, 선한 사회적 영향력, 조직과 인사 및 재정 관리의 투명성을 지향해야 한다는 공감대가 높아지고 있다.

　　한국 불교계의 종단과 교구는 단위 사찰의 분담금을 중심으로 재원을 마련하고, 이를 효과적으로 사용해 종단과 교구의 발전을 모색하고 있다. 각 단위 사찰들은 자체적인 포교 활동으로 신도를 확보하고, 신도들의 교무금과 각종 법회, 재의식 등으로 재원을 마련해 그 일부를 종단과 교구의 분담금으로 납부하는 상황이다.

그런데 최근에는 전 세계적인 종교 인구 감소 추세와 종교 간 경쟁 격화에서 비롯된 포교 환경의 변화 등으로 불교계의 재원 마련이 점차 어려워지고 있다. 특히 사찰의 주요 수입을 차지했던 49재나 천도재 등 각종 기도 의식에 동참하는 신도가 줄어들면서 사찰 재정의 위기 징후가 점점 높아지고 있다. 이처럼 사회 및 종교 상황의 변화로 사찰 운영에 어려움이 가중되자, 불교계는 재정과 인적 관리 분야에 기업의 경영 이론을 적용해 해결책을 찾으려는 노력을 시작했다. 현 상황을 타개하기 위해 경영 이론을 적용하려는 시도가 종교의 본질적 측면에서는 논쟁의 쟁점이 될 수 있으나, 시대와 사회의 변화에 따라 불교 조직의 안정화와 존재감 유지 및 확대라는 차원에서는 충분히 시도해 볼 가치가 있다.

일반적으로 경영 이론은 기업 운영에 있어 수익성을 극대화하고 주주와 기업 종사자들에게 이익을 배분하는 데 초점을 두고 있다. 기업은 투자된 자본으로 수익을 창출하기 위해 과학적이며 효율적인 생산 방법을 연구하고, 적절한 노동력을 투입하고 업무를 분장해 생산성을 극대화하며, 효과적인 홍보와 광고를 활용하는 방법 등으로 경영 관리를 한다. 이것이 바로 매니지먼트(Management) 원리다.

현대에 들어 조직 구성원의 경험, 아이디어, 연구 데이터, 지식 등을 총체적으로 활용하는 다양한 경영 이론이 생겨났다. 조직의 문제 해결 능력 향상을 위한 지식 경영, 기업의 사회적 책임 및 투명성 강화 요구에 부응하는 윤리 경영, 인력과 시간 투입을 대폭 줄이고자 등장한 다운사이징 경영, 생산 대부분을 외주로 돌리는 아웃소싱 경영 등이 그것이다. 그리고 최근에는 세계적인 이슈인 환경, 사회, 지배 구조를 강조하는 ESG 경영 이론이 정치·사회·문화를 비롯한 모든 영역으로 확산하는 추세다. 불교계가 바로 지금, '붓다 경영'을 추구해야 하는 이유다.

지속가능한
미래와
ESG 경영

●

ESG 경영이 전 세계적인 화두로 등장하게 된 계기는 2005년 유엔글로벌콤팩트(UNGC, UN Global Compact) 보고서에서 언급되면서부터다. 이때를 시작으로 ESG 경영은 인류의 지속가능한 발전을 위한 새로운 기준으로 자리 잡게 되었다.[1] 이 시기에 ESG 경영이 등장한 이유는 지구온난화, 사회 양극화, 고용주와 노동자의 갈등, 파행적인 기업 운영 등이 지구촌 전체의 문제로 대두되었고, 유엔 차원에서 이러한 문제들을 해결하고 지속가능한 대안을 찾고자 했기 때문이다.

ESG는 환경(Environment), 사회(Social), 지배 구조(Governance)의 세 가지 요소를 결합한 개념이다. 기업 운영에 있어 환경에 미치는 영향력을 고려하고, 직원을 포함하여 기업에 영향을 주는 사람들과 관계를 바르게 설정하고, 올바른 기업 운영을 가능하게 하는 의사 결정 시스템을 갖추어야 한다 등의 내용을 포괄하고 있다. 이러한 ESG의 개념을 경영에 적용하려는 노력은 코로나19 팬데믹으로 피해가 극심했던 2020년부터 본격화됐다. 코로나19의 확산으로 그동안 잠재되어 있던 여러 문제가 한꺼번에 터져 나오면서 이를 해결하기 위해 ESG 경영 이론을 기업 운영에 반영해야 한다는 인식이 높아졌기 때문이다.

특히 코로나19의 확산은 세계적인 공급망의 단절 현상을 보여주었고, 디지털 경제로의 전환이 사회 전반으로 확대되어 경제 패러다임이 바뀔 정도로 큰 변화를 일으켰다. 기업들은 이러한 변화에 적극적으로 대응하면서 동시에 생존과 번영을 위한 토대를 구축해야 하는 상황에 직면하게 된 것이다.

우선 소비자들의 인식이 급격히 변화했다. MZ세대로 대표되는 새로운 소비자 집단의 등장은 디지털 교류와 소통, 온라인 유통과 소비 등에서 변화를 요구하고 있다. MZ세대는 1980년대부터 1990년대에 태어난 밀레니얼(Millennial)세대와 1990년대 중반부터 2000년대 초반에 태어난 Z세대(Generation Z)를 통칭하는 용어이다. 이들은 일과 여가를 동시에 추구하면서 조직의 이익보다 개인의 이익을 우선시하고, 자유롭고 수평적인 조직 문화와 공정한 기회를 중시하는 경향이 있다.[2] 이들은 SNS를 통해 소통하면서 소비 생활에서는 환경적·사회적 가치를 중시하고 자신의 가치와 신념을 반영하려는 행동 양식을 보인다. 특히 ESG 경영 이론과 같은 가치관을 소비의 중요한 결정 요인으로 생각하는 태도를 지니고 있다. 이러한 MZ세대의 소비 패턴은 배송 문화와 미닝아웃(Meaning Out) 등에 큰 변화를 일으켰다. 미닝아웃이란 성 정체성을 드러내는 행동을 의미하는 '커밍아웃(Coming out)'에 빗대어 만든

신조어로, 자신의 정치적 · 사회적 신념이나 가치관, 취향, 성향, 주장 등을 활발하게 드러내는 행위를 말한다.

1980년대 후반 환경 어젠다(Agenda)를 포함하는 개념으로 제시된 '지속가능한 발전(Sustainable Development)'은 이제 명실상부한 핵심 의제로 자리 잡았다. '지속가능한 발전'은 '미래 세대의 욕구를 충족시킬 수 있는 능력을 저해하지 않으면서 현재 세대의 필요를 충족시키는 발전'으로 정의된다. 이러한 정의는 1987년 세계환경개발위원회(WCED, World Commission on Environment and Development)가 발표한 '우리 공동의 미래 보고서'에서 처음 제시된 것으로, '지속가능발전목표(SDGs, Sustainable Development Goals)'의 수립을 위해 유엔 차원에서 논의되고 있다.

지속가능한 발전의 당면 목표에 기후변화와 에너지 문제 등 환경에 관한 의제들이 대거 포함되면서 기업들은 환경의 지속가능성을 중심으로 경영 패러다임을 새롭게 정립했고, 코로나19 바이러스 출현의 주요 원인으로 환경 파괴가 언급되면서 그 중요성은 더욱 커지게 되었다.

돌이켜보면 20세기 후반 이후 시장중심적인 신자유주의 경제 체제의 한계가 드러나기 시작했다. 신자유주의적 자본주의는 양극화 현상을 더욱 심화하는 결과를 초래했고, 이는 소비 심리의 위축이나 사회적 불만 누적으로 인한 혼란을 부추기면서 기업 활동에 불리한 환경을 조성했다. 이를 해소하는 과정에서 기업 역할에 변화가 요구되기 시작했다. 즉, 기업이 단지 이윤 추구에만 머물러서는 안 되며, 사회적 책임을 적극적으로 수행함으로써 사회 발전의 한 축으로 자리매김할 필요가 있다는 인식이 커지게 된 것이다. 이후 기업 내 구성원을 포함해 기업과 사회의 관계에 대한 다양한 논의가 '기업의 사회적 책임'이라는 어젠다 속에서 활발하게 전개되었다.

기업과 사회의 관계에 대한 포괄적인 논의 속에서 거버넌스(Governance)가 주요 쟁점으로 부상한 것은 자연스러운 결과였다. 일반적으로 '협치'라고 일컬어지는 거버넌스는 자율성을 가진 사회 내의 다양한 집단들이 의사 결정 과정에 공동으로 참여하는 것을 의미한다. 기업 활동이 사회 전반에 미치는 파급력을 인식하게 되면서, 이에 관련된 다양한 집단들이 기업의 의사 결정 과정에 참여해야 할 필요성이 제기되었고, 이는 기업의 지배 구조에 대한 새로운 논의로 귀결되었다.

이 같은 소비 환경의 변화로 기업에 요구되는 환경적 · 사회적 요구를 수용하는 과정에서 기존의 주주자본주의(Shareholder Capitalism) 패러다임이 이해관계자 자본주의(Stakeholder Capitalism) 패러다임으로 전환되는 변화가 나타났다. 이해관계자 자본주의의 관점에서 2020년 다보스 선언(Davos Manifesto)에는 다음과 같은 혁신 방안이 포함됐다.

첫째,   기업은 주주, 고객, 직원 등 모든 이해관계자의 이익을 균형감 있게 고려하여 공정하게 혜택을 받을 수 있는 환경을 조성한다.

둘째,　기업은 자원 소모 · 탄소 배출을 최소화한다.

셋째,　사회적 문제 등을 고려한 지속가능한 성장과 환경 보호에 주력한다.

넷째,　이해관계자의 참여와 의견을 존중하여 통합하고 풍부하고 지속가능한 장기적인 가치를 창출한다.

다섯째, 의사 결정의 투명성을 제고하여 신뢰를 받을 수 있는 효과적인 거버넌스 체계를 구축한다.

여섯째, 경제적 가치와 사회적 가치를 융합하여 긍정적인 사회적 영향과 경제적 이익이 공존할 수 있는 경영 방안을 모색한다.

혁신 방안은 자본주의 경제의 문제점을 보완하면서 인류의 지속가능한 번영을 위한 필수적인 과제들을 담고 있다. 이러한 과제들을 종합하여 제시된 결론이 ESG 경영 원리라 할 수 있다. 지금 사회 전반에서 거론되는 지구온난화의 심화, 극단적인 노사 갈등, 다국적 기업의 착취, 독점적이고 권위주의적이며 일방적인 경영 방식 등으로는 지구촌의 지속가능한 성장과 발전을 도모할 수 없다는 것이 많은 사람의 공통적인 생각으로 자리 잡게 된 것이다.

불교가 ESG 경영에
주목해야
하는 이유

●

　　이처럼 전 세계가 지속가능한 미래를 위한 ESG 경영에 초점을 두고 있는 상황에서 한국 불교계가 추구해야 할 미래 또한 다르지 않음을 직시해야 한다. 현재 유럽연합(EU)과 미국 등 주요 선진국들은 기업의 ESG 정보 공개를 의무화하는 등 관련 규제를 강화하고 있으며, 국내·외 주요 신용평가 회사들도 ESG 경영 여부를 기업 가치 평가에 적극적으로 반영하고 있다.

　　이러한 추세에 따라 세계적 기업들은 생존을 위해 ESG 경영 원리 도입을 필수 과제로 받아들이고 있다. 그 결과 세계적 기업들은 ESG 경영 구현에 부합하는 조직을 신설하고 기업 문화의 혁신을 추진하는 등의 유의미한 변화를 보이고 있다. ESG 경영 원리 도입이 비단 이익을 추구하는 기업에 한정되지 않고 사회 조직으로 확산되고 있다는 점에 특히 주목해야 한다.

　　세계적인 사회학자인 디마지오와 포웰(DiMaggio & Powell)은 조직이 서로 닮아가는 현상을 '동형화(Isomorphism)'라는 개념으로 설명한 바 있다. 동형화는 조직이 불확실한 환경에서 살아남기 위한 전략적 선택의 결과이다. 예를 들어 어느 한 조직이 새로운 환경에 효과적으로 적응할 수 있는 제도를 고안하고 입증해 내면, 다른 조직들도 마치 도미노처럼 이 제도를 앞다투어 수용함으로써 모든 조직이 유사한 형태를 보이게 된다는 것이다.

이미 ESG 경영 원리가 기업을 넘어 다양한 사회 조직의 운영 원리로 수용되고 그에 대한 사회적 관심과 가치가 급격히 증가하고 있는 현상은, 디마지오와 포웰의 논리가 ESG 경영 원리에도 적용되고 있다는 것을 의미한다. 즉, 정보화 · 세계화 · 기후위기 · 사회 양극화 등 불확실한 조직 환경 속에서 ESG 경영 원리가 효과적인 생존 수단으로 인정받고 있는 것이다. 이러한 불확실한 조직 환경은 불교계에도 동일하게 적용되고 있다. 바로 이 점이 기업의 경영 원리로 도입된 ESG 경영 원리를 불교계에서 주목해야 하는 근본적인 이유이다.

흔히 불교계라는 사회적 영역은 불교를 믿고 따르는 사부대중(四部大衆)과 종단, 사찰, 사부대중이 설립해 불교적 교리와 사상을 근거로 운영하는 각종 단체 등을 포함한다. 이들은 각각 그 자체로 하나의 조직이지만, 총체적으로도 주요한 사회 조직으로 간주할 수 있다. 따라서 불교계를 구성하는 다양한 층위의 사회 조직은 각각 현대 사회의 불확실성 속에서 생존과 발전을 위한 대안을 적극적으로 강구해 나가야 한다. 수승한 붓다의 가르침을 현대 사회에 맞게 구현하기 위해서는 지금 이 시대에 적합한 불교 조직의 생존

붓다 경영과 불교의 미래

방법을 모색해야 함을 절대적으로 인식해야 한다.

이와 같은 대전제 위에서 불교계가 '공생적 ESG 경영'에 관심을 기울여야 하는 이유를 정리해 보면 다음과 같다.

첫째, 불교의 사부대중은 전통적으로 삼보(三寶), 국왕, 부모, 중생의 사은(四恩)³에 보답하는 것이 의무이기 때문이다. 사은의 개념이 성립된 중세 인도의 국토관에 비추어 보면 오늘날 국왕은 국가로, 중생은 국민으로 생각할 수 있다. 국가를 청렴하게 유지하고 중생을 행복하게 하는 것이 불교가 이 땅에서 해야 할 일이며, 그것을 실천하는 방법 중 하나가 공생적 ESG 경영에 적극적으로 참여하는 길이라 할 수 있다.

둘째, 오늘날 공생적 ESG 경영은 불교 교단과 사찰의 발전을 위해 필수불가결의 요건이 되었기 때문이다. 한국 불교의 사찰과 종단은 사부대중 공동체로 운영되어야 하지만, 여러 사회적·환경적 요건에 의해 대부분 승려 중심으로 운영되고 있다. 그러나 이러한 운영 방식은 더 이상 불자나 일반인들의 호응을 얻기 어려운 현실이다. 사찰의 삼보정재(三寶淨財)가 유실되지 않고, 경제적이며 효과적으로 활용되기 위해서는 사찰의 지배 구조와 운영 체계에 근본적인 변화가 요구된다.

셋째, 공생적 ESG 경영은 불교의 사회적 지지 기반을 획득하기 위해서도 필요하다. 불교의 사회적 지지 기반은 사찰과 종단이 공익법인 수준의 투명한 경영을 할 때 구축될 수 있으며, 이와 연계된 공생적 ESG 경영을 실천함으로써 더욱 공고히 할 수 있기 때문이다. 사회적으로 신뢰를 받는 사찰과 종단으로 거듭나기 위해서는 사회의 도덕적 · 윤리적 가치 기준과의 조화가 필요하다. 이를 위해 사찰과 종단 그리고 불교계에서 운영하는 복지 · 문화 · 교육 · 의료 시설 등에서 공생적 ESG 경영을 적극적으로 도입할 필요성이 더욱 커지고 있다.

넷째, 종단 산하 조직에서 일하는 종무원들의 전문성을 강화하고, 활동 의욕을 북돋우며, 업무 성과를 증대하고, 사기를 고양하기 위해서는 역할에 상응하는 처우 개선이 필요하다. 종무원들이 주인의식을 갖고 적극적으로 활동하고 성과를 거두기 위해서는 공생적 ESG 경영을 통해 신바람 나는 업무의 장을 만들어 나가야 한다.

이처럼 사찰과 종단, 산하 조직에서 적극적으로 공생적 ESG 경영 원리를 받아들여야 함은 시대적 요구라 하겠다. 이러한 인식을 바탕으로 불교의 공생적 ESG 경영의 사상적 배경, 운영 실태 등을 분석하고 바람직한 실천 방안을 모색해 보고자 한다.

한국 불교의
미래를
모색한다

●

       이 책은 크게 세 부분, 즉 불교적인 ESG 경영 이론을 모색하는 영역, 한국 불교의 ESG 경영 실태를 점검하는 영역, 한국 불교의 공생적 ESG 경영 방안을 모색하는 영역으로 구성되어 있다.

  먼저 불교적인 ESG 경영 이론을 도출하기 위해서 불교의 경영 이론과 ESG 경영 이론을 검토하고 이론적 종합을 시도하고자 한다. 이를 위해 주요 경전에 나타나는 경영관과 현대의 불교적 경영관을 검토하고 ESG 경영 이론을 불교적 맥락에서 재구성하는 데 필요한 이론적 자료들을 확보하고자 했다. 이어 ESG 경영 이론의 개념과 평가 지표 및 평가 방법 등을 고찰하고 이를 불교계, 구체적으로는 불교 조직들에 적용하는 데 필요한 기본 요소들을 확인할 것이다. 이러한 논의들을 토대로 불교의 경영 이론과 ESG 경영 이론을 종합해 공생적 ESG 경영 이론을 정립하기 위한 논의를 전개한다. 또 ESG 경영 이론이 실제로 불교 조직에 어떻게 적용될 수 있을지를 검토하고, 그 안에 담긴 불교 사상적 의미를 정리하고

자 한다.

한국 불교의 ESG 경영 실태 점검은 한국 불교계의 ESG 경영 활동 사례를 분석하는 영역과 이웃 종교의 ESG 경영 활동 실태를 검토하는 영역으로 나누어 진행한다.

첫 번째 영역에서는 한국 불교계의 대표적인 ESG 경영 활동 사례를 발굴, 분석하고 불교계 ESG 경영 활동의 한계와 그에 따른 과제를 도출하는 데 논의를 집중할 것이다. 이를 통해 불교 사상과 본질을 좀 더 구체적으로 이해하기 위한 인식의 토대를 마련할 것이며, 또한 한국 불교를 바라보는 외부의 시선과 불교적 관점 사이의 간극을 줄이고자 한다.

두 번째 영역에서는 이웃 종교인 천주교와 개신교의 ESG 경영 활동 실태를 점검하고자 한다. 이어 불교를 포함한 세 종교의 ESG 경영 활동에 대한 비교 및 평가를 진행할 것이다. 종교는 일정 부분 사회 현상을 반영할 뿐만 아니라 사회와 불가분의 관계를 유지하고 있다. 종교가 조직 운영에서 ESG 경영을 선행적으로 도입하는 모습을 보여 준다면, 사회 전반에서 공생적 ESG 경영 원리를 적극 도입하는 마중물이 될 수 있다. 이러한 관점에서 불교뿐만 아니라 천주교와 개신교 등 종교계의 ESG 경영 활동 실태를 분석하고, 각 종교에서 어떤 문제의식과 가치를 가지고 운영해 나가는지 비교 검토가 필요하다.

한국 불교의 공생적 ESG 경영 방안을 모색하는 영역에서는 불교계 전반과 종단의 차원으로 나누어 구체적인 실천 방안을 논의하고자 한다. 특히 불교 각 종단은 조직의 구성과 경영적 논거에서 차이가 있기에 주로 대한불교조계종으로 범위를 한정했다.

종단 차원에서는 먼저 종단에 소속된 산하 기관들의 ESG 경영 선언의 내용을 분석하고 그 배경을 알아보고자 했다. 이어 종단 · 교구 · 단위 사찰 조직과 그 산하에 운영되는 교육 · 언론 · 복지기관 등 불교계 전반에서 적용할 수 있는 실천 방안을 모색했다.

한편 사찰과 관련 기관은 이념과 사상에서 일정 부분 같은 맥락을 공유하지만, 한국 불교라는 거시적 환경에서는 현실적인 괴리가 있으므로 공생적 ESG 경영을 반영하여 양자 간의 관계를 설정하고자 했다. 이와 같은 문제 인식 속에서 한국 불교 종단 차원에서 공생적 ESG 경영을 도입하고 실천하기 위한 구체적 방안을 검토하고, 이에 따른 시사점 및 제언을 도출하고자 했다.

초기경전부터
최근 기사까지
심층 분석

•

    불교적인 ESG 경영 이론 모색을 위해서는 문헌 연구와 사례 분석을 주된 방법으로 활용했다. 세부적으로는 키워드를 중심으로 한 내용 분석법을 채택했다. 내용 분석법의 주요 키워드는 '사찰 경영', '관리', '경제' 등이다. 검색 대상은 초기경전, 대승경전 등 주요 경전과 불교의 경영 및 사원 경제 등에 관한 연구 문헌, 단행본, 논문 등이다.

    문헌 연구는 불교적인 공생적 ESG 경영 이론을 모색하는 영역에서 주로 활용했다. 불교의 경영 이론을 고찰하기 위해 관련된 주요 경전과 저서, 논문 등을 검토했으며 단행본과 논문 등도 검토 대상이었다. 이러한 문헌 연구를 바탕으로 공생적 ESG 경영의 불교적 개념을 정의하고자 했다. 다만 공생적 ESG 경영에 관한 연구는 대부분 일반 기업의 운영에 대한 것이기에 종교 관련 문헌 자료는 거의 축적되지 않았다는 현실적 한계가 있었다.

    사례 분석은 주요 일간지 및 종교계 신문을 대상으로 ESG 경영과 관련된 키워드를 사용하여 추출했다. 검색 키워드는 'ESG 경영', '환경', '사회', '지배 구조' 등이었고, 자료 추출 기간은 ESG 경영이 대중적으로 알려지기 시작한 2019년 1월 이후부터 2023년 12월 말까지로 정했다. 검색 대상으로 삼은 종교단체는 불교, 개신교, 천주교 등 3대 종교에 소속된 사찰, 교회, 성당 그리고 산하 기관 및 단체 등이다.

다만 ESG 경영과 관련된 사례 및 내용 등에 대하여 양적인 비교를 위한 변수는 설정하지 않았다. 이번 사례 분석은 주로 실태와 경향을 파악하기 위한 것으로 수치의 비교는 목적에 부합하지 않고, 비교할 정도의 계량화된 데이터를 확보할 수 없었다.

사례 연구는 한국 불교 및 이웃 종교의 ESG 경영 활동 실태를 검토하는 영역에서 주로 사용했다. 불교계를 포함하여 종교계는 그동안 ESG 경영에 대한 인식이 부족했고, 개념에 대한 정확한 이해가 결여됐다. 이것은 한국 종교계에는 아직 ESG 경영 원리가 일반화되지 않았음을 의미한다. 따라서 경영학을 비롯한 사회과학 분야의 대표적인 연구 방법인 양적 연구를 수행하기에는 적절하지 않다고 판단했다.

반면 선구적으로 ESG 경영 원리를 도입한 각 종교계의 대표적 사례들을 선정해 그 특성을 파악하는 질적 연구를 수행하고자 했다. 종교계 ESG 경영 사례는 신문 기사를 활용해 선정했다. 사회 전반적으로 ESG 경영에 관심이 높아지는 상황 속에서 이제 막 걸음마를 뗀 종교계의 ESG 경영 원리 도입 소식은 희소성 측면이나 사회 가치적 측면에서 기사로서의 가치가 높으며 해당 종교의 실태를 파악하는 데 적절했기 때문이다.

최근 5년 동안의 신문 기사에서 각 종교계의 종단·교구·단위 사찰 조직과 그 산하에 운영되는 교육·언론·복지기관 등의 ESG 경영 활동을 소개하는 기사를 선정하고, 기사에서 ESG 경영 활동과 관련된 구체적 모습들을 정리해 종교 간 비교에 활용했다. 이를 통해 각 종교별 특성을 도출하고자 했다.

신문 기사를 비교 정리해 본 결과, 불교계의 경우 종단이나 사찰에서의 ESG 경영 사례는 매우 적은 편이었으나 사회복지기관에서 적극적으로 도입하려는 의지를 확인할 수 있었다. 이웃 종교계에서는 ESG 경영에 대한 인식은 어느 정도 있으나 종교 시설의 운영 여건상 실질적 도입 사례는 많지 않은 것을 알 수 있었다.

불교 경전에서 찾는
공생 원리

'공생적 ESG 경영'은
환경운동, 대사회적 관계 형성,
갈마법과 대중공사의 원리를 바탕으로
사찰 운영의 투명성을 추구한다는 점에서
보살 사상의 실천에 기반하고 있다.

기후위기
시대에
맞서다

●

 한국 불교가 ESG 경영에 처음 주목하게 된 것은 나날이 심각해지는 기후위기와 환경문제에 관심을 기울이며 불교적 세계관으로 동참하기 시작하면서부터라고 볼 수 있겠다. 따라서 지금껏 불교계에서 ESG 경영과 관련한 직접적인 연구 사례는 거의 없는 실정이지만, 사회적인 문제에 대한 논문을 게재하는 『불교평론』에서 2020년대부터 환경문제를 인식하고 경각심을 갖게 하는 글들이 게재되기 시작했다.

 『불교평론』은 2020년 여름호에서 「환경재앙, 어떻게 극복할 것인가?」라는 주제로 특집을 마련하고 관련 분야 전문가의 연구 논문을 다음과 같이 수록했다. 먼저 기후학자 반기성 소장은 '환경재앙, 어떻게 극복할 것인가'라는 글에서 "2019년 북반구를 휩쓴 장기간의 가뭄과 폭염, 빙하가 역대로 많이 녹고, 해수면이 상승하며, 기록적인 슈퍼태풍과 홍수의 내습" 등을 언급했다. 또 환경전문가 박병상 박사는 "생태계의 다양한 생물종의 생존을 있는 그대로 배려하는 '생태정의'와 다음 세대의 행복을 침해하지 않는 '세대정의'

가 환경운동을 뒷받침하는 이념이어야 한다."고 주장하면서 환경운동단체의 새로운 활동을 제시했다.

불교환경연대 유정길 운영위원장은 조직적 환경운동의 사례로 정토회 에코붓다, 공해추방불교인모임, 두레생태기행, 사찰생태연구소, 조계종환경위원회, 인드라망생명공동체, 불교환경연대, 불교생태콘텐츠연구소, 국제기후종교시민네트워크 등의 활동을 분석했다. 그리고 대안으로 오체투지, 불교생태주의 확산 등과 함께 생명 친화적인 문명으로의 변화를 꾀하는 대전환 운동으로 지연전술 행동, 가치실현 행동, 전환사회 행동 등을 제시했다. 정성헌 유엔지속가능발전교육 인재전문센터 이사장은 "환경 보전을 위한 실천 방안으로 생각, 생활, 세상, 문명을 바꾸기 위한 노력"과 삶의 현장에서 "나무 심기, 생명의 밥상 차리기, 아껴 쓰기, 생명살림 국민운동" 등을 실천해야 한다고 제안했다. 이러한 주장들은 공생적 ESG 경영의 환경 보존 분야에서 불교적 입장으로 제시한 실천적 대안으로 평가할 수 있다.

기독교계에서도 ESG 경영에 대한 논의는 비교적 최근에 와서야 이루어지고 있음을 알 수 있다. 다만 불교계와 다른 점은 기후변화, 환경 등과 같은 간접적인 언급이 아니라 직접적인 ESG 경영에 관한 연구들이 나타나고 있다는 것이다. 한국기독교육정보학회에서는 ESG 경영과 관련된 논문 발표를 통해 기독교적 관점의 공유 가치 재정립, 전인적 양육을 위한 진단 도구 개선 등의 연구 성과를 학술지에 게재했다. 옥장흠 교수는 2023년에 발간된 『기독교교육논총』제74집에서 "기후위기 시대에 기독교 교육을 위한 민주 시민 교육의 적용 방안"을 제시했다. 박계홍은 'ESG 경영에 대한 기독교 관점의 공유 가치 정립'에서 "인간 존중 차원의 창조 질서 회복을 위한 노력의 중요성"을 강조하고 "출산율 회복, 다양한 사회적 격차 해소를 위한 지표 설정, 투명한 지배 구조와 리더십 교체에 대한 선임 방식 개선, 교회 차원에서의 ESG 관련 지표 개발과 교재 배포" 등의 방안을 제시했다. 김효숙은 'ESG 시대의 전인적 양육을 위한 진단 도구 개선'에서 5~10세 어린이를 대상으로 하는 점검 프로그램을 개선하는 방안을 제안했다. 점검 프로그램은 영적 · 사회 정서적 · 지적 · 신체적 등 네 가지 영역에서 각각의 세부적인 목표를 제시하고 있다.

불교계와 기독교계의 ESG 경영에 관한 연구는 일반적인 연구 성과에 비해 초보적인 단계에 머물러 있다. 주로 환경 보호에 대한 당위적 주장이 많은 반면 일상생활에서 구체적인 실천 원리와 방법을 제시하지는 못하고 있다. 또 종교단체 단위에서는 규범적 접근이 이루어지고 있지만 직영으로 운영하는 회사나 산하 조직 단위의 실천 방법에 대한 언급이 없는 것은 아쉬운 일이다.

연구 분석 결과 ESG 경영과 관련해 불교계는 주로 환경문제에 초점을 두고 있는 반면에 기독교는 ESG 경영 전반에 걸친 구체적인 실천 방안 모색에 중점을 두고 있는 것을 알 수 있다. 그러나 ESG 경영에서 종교적 접근은 신중해야 할 지점이 있다. 왜냐면 종교의 자유는 헌법과 법률로 보장되는데, 무리한 ESG 경영 원리 도입으로 종교의 본질이 훼손되거나 권리를 침해하게 된다면 종교의 사회적 책임에 위배될 수도 있기 때문이다.

하지만 종교단체들이 공생적 ESG 경영 원리를 실천함으로써 일반 조직이나 기업으로 확산된다면, 종교의 사회적 영향력과 파급력이 더욱 커질 수 있다고 본다. 불교계에서도 공생적 ESG 경영을 포교 방법이나 방향 모색이라는 방편적인 차원이 아니라 사회적 책임을 다하기 위한 실천 원리로 받아들일 수 있기를 기대해 본다.

보살 사상의
현대적
실천 방안

•

　　　　　　현대 사회에서 소위 잘사는 나라
의 국민들은 과학 기술의 발달과 고도 경제 성장의 환경 속에서
지나친 소비를 즐기며 살고 있다. 하지만 가난한 나라들은 이들의
과도한 소비에 희생되고, 선진국과 후진국 간의 빈부 격차는 점점
더 벌어지는 양상이다. 이러한 사회적 모순을 극복하기 위해서는
이기주의를 배제하고 자신이 가진 것을 타인에게 나누어 평등한
사회를 구현하는 것이 불교의 근본적인 입장이라는 점은 누구도
부정하지 않을 것이다.

　ESG 경영의 목표가 기본적으로 공생을 추구한다는 점에서 '공
생적'이라는 표현이 불필요하다는 이견도 있을 것이다. 그렇지만 기
업에서의 ESG 경영과 불교적 ESG 경영은 사상적 측면에서 분명
한 차이가 있다. 일반적인 ESG 경영은 환경을 보호하고, 노사 간
의 화합을 통해 지속가능한 발전을 추구한다는 이념에 기반하고
있다. 반면 불교에서 말하는 공생적 ESG 경영은 사찰의 환경운동,
대사회적 관계 형성, 갈마법과 대중공사의 원리를 응용한 사찰 운

영의 투명성을 추구한다는 점에서 보살 사상의 실천에 기반하고 있다.

이 책에서 말하는 공생 사상은 『대지도론(大智度論)』의 가르침을 바탕으로 체계화한 것이다. 공생은 공생인(共生因)과 공생연(共生緣)의 결합으로 형성되는 공생계(共生界)로 구성된다. 공생인은 공생적 ESG 경영의 의지를 형성하는 원리로 설명할 수 있다. 기업이나 조직, 단체 등이 ESG 경영의 필요성을 인식하게 되는 것은 인간이라는 하나의 뿌리를 갖고 있기 때문이다. 구성원들이 함께 인간적 삶을 영위하기 위해서는 공생적 ESG 경영이 필요하다는 것을 스스로 인식하게 된다는 것이다.

따라서 여기서는 사회 일반에서 주장하는 ESG 경영을 불교 사

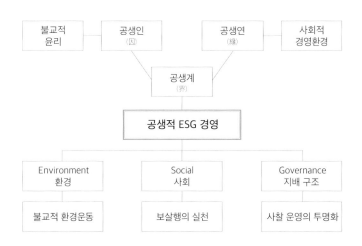

불교적 입장에서 본 공생적 ESG 경영의 분석틀

상적 관점에서 분석하고, 불교를 비롯한 종교계와 불교의 각 종단과 사찰에서 실천하고 있는 사례를 분석하고, 향후 공생적 ESG 경영의 구체적 실천 방안을 제시하고자 한다. 그리고 공생적 ESG 경영을 중생과 국토의 은혜에 보답하기 위한 환경적 실천, 연기론과 보살행을 바탕으로 한 사회적 회향 그리고 갈마법과 대중공사의 원리를 응용한 공생적 지배 구조 형성 등의 체계로 분석할 것이다.

일반적인 ESG 경영의 세 가지 구성 요소는 환경, 사회, 지배 구조로 설명할 수 있다. 첫 번째로 환경 분야는 환경 오염을 막고 자연환경을 보호하는 측면에서 이산화탄소 배출을 최소화하는 것에 초점이 맞추어져 있다. 이에 공생적 ESG 경영에서는 불교적 환경운동의 실태를 분석하고 환경문제 해결 방안을 모색한다. 대표적인 불교의 환경운동 사례로는 대만의 자제공덕회가 전국적인 단위로 실천하고 있는 재활용 사업이 있다.

두 번째로 사회 분야에서의 ESG 경영은 대사회적 관계 설정, 지역사회와 공존 방안 모색 등에 초점이 맞추어지고 있다. 이에 공생적 ESG 경영에서는 사찰의 활동 실태를 분석해 실천 방안을 모색하고 지역사회와의 공존 방법을 찾고자 한다.

세 번째로 지배 구조 분야에서의 ESG 경영은 기업의 이사회 등과 같은 의사 결정 단위에 민주성이 얼마나 내포되어 있느냐에 초점이 맞춰져 있다. 그러나 불교를 비롯한 종교계에서는 지배 구조 개선에 대한 논의에 여러 한계와 걸림돌이 있는 것이 현실이다. 기독교계는 회중교회적 운영 방법이 도입되면서 평신도의 의사 결정 참여가 차츰 확대되는 추세다. 불교계는 사찰운영위원회 구성을 통해 사찰 운영에 대한 신도 참여의 폭을 넓히고자 노력하고 있으나, 아직 '승속(僧俗)'이라는 선명한 구분으로 효과적으로 운영되지 못하고 있는 실정이다. 따라서 사찰운영위원회의 운영 실태를 분석하고 투명한 재정 운영 사례 그리고 전통적인 의사 결정 방법인 대중공의를 모으는 방법 등에 초점을 두고 논의를 진행할 것이다.

'공생'은
연기법의
가르침

●

이 책에서는 특별히 '공생적 ESG 경영'이라는 개념을 사용하고 있다. 일반적으로는 사용하는 'ESG 경영'이라는 용어에 '공생적'이라는 수식어를 사용한 이유는 연기법을 통해 실천되는 원리를 중요하게 보았기 때문이다. 연기법은 인연생기(因緣生起)의 원리에 따라 모든 존재의 상의상관(相依相關), 즉 서로 의지하고 관계를 맺고 있음을 설명하는 가르침이다.

사전적 정의에 따르면 공생(共生, Symbiosis)은 '둘 이상의 생물이 서로 간에 상생을 위해 협력하는 것'을 의미한다. 생물체 쌍방이 이익을 얻을 경우 상리공생(相利共生, Mutualism), 한쪽만 이익을 얻고 다른 한쪽은 아무런 영향을 주지 않을 경우 편리공생(片利共生, Commensalism), 한쪽만 피해를 입고 다른 한쪽은 아무 영향이 없는 경우 편해공생(片害共生, Amensalism)이라고 한다.

공생적 ESG 경영은 이러한 사전적 분류 중 사회구성원들이 서로 이익을 보는 상리공생의 관계를 추구하는 개념이다. 인류의 공존과 번영, 지속가능한 발전을 위해 공생적 ESG 경영이 필수적으로 요구됨을 의미한다.

자연계는 각 생물이 스스로 공생 관계를 형성하면서 생존, 진화하고 있다. 그러나 인간 세계는 공생보다는 공멸을 선택하는 어리석음을 범한 사례들이 많다. 상대와의 관계 속에 이념과 우열을 따져 서로를 잔인하게 죽이는 전쟁이 그 대표적 사례이다. ESG 경영 관점에서 인간과 자연이 공생 관계를 형성하는 것이 환경 보호이고, 기업과 사회가 공생하는 것이 사회 책무의 가치관을 이루는 것이다. 그리고 기업주와 노동자가 공생 관계를 형성하는 것이 지배구조의 노사 협력이다.

『대지도론』에서는 공생인을 다음과 같이 설하고 있다.

> "온갖 유위법(有爲法)이 저마다 같이 나는 인(因)이 있음을 말하며, 같이 나기 때문에 다시 서로가 돕게 된다. 비유하건데 마치 형제는 같이 한 부모에게서 태어났기 때문에 서로 돕는 것과 같다."

공생연은 공생적 ESG 경영에서 환경적 요소의 결합으로 볼 수 있다. 공생은 지수화풍 사대가 주처(住處), 결착(結着), 성숙(成熟) 등의 환경적 요소와 관계 작용을 통해서 형성된다. 그리고 공생의 원인과 환경이 결합하여 공생계를 형성하게 되는 것으로 체계화할 수 있다.

공생인은 연기론에 근거한 불교의 윤리에서 그 근거를 찾을 수 있고, 공생연은 윤리적 경영을 가능하게 하는 환경에서 찾을 수 있다. 이러한 공생적 인(因)과 연(緣)의 요소들이 결합하여 공생계, 즉 공생이 일어나는 현상계를 형성한다. 공생적 현상계가 유지되면서 동시에 지속가능한 발전을 모색하기 위해서는 사찰 운영에 있어서 공생적 ESG 경영의 체계를 갖출 필요가 있다는 것을 제기한 분석틀이다.

앞에서 제시한 공생적 ESG 경영은 불교적 윤리를 인(因)으로 하고 사회적 경영환경을 연(緣)으로 하여 공생적 경영 체계를 형성하고 있음을 기술하고 있다. ESG 경영이 대두된 배경이 죽어가는 지구를 살리기 위함이었기에 공생 사상을 바탕으로 하고 있음을 알 수 있다. 다만 동서양의 학술적 · 문화적 차이로 인하여 공생에 대한 이해에는 다소 상이함이 있을 수 있다. 이런 차이에 주목하여 불교의 경영관에 나타난 공생적 원리를 구체적으로 분석했다.

초기불교에서
나타나는
경영관

●

초기불교 교단에서 기진(寄進)이나 재화의 경영은 수행자의 삶과 수행처의 운영으로 구분해서 파악할 수 있다. 당시 수행자의 삶은 철저한 무소유의 실천을 지향했다. 출가수행자는 어떤 생산 활동에도 종사할 수 없었으며, 매매 행위를 하는 것도 금지됐다. 계율로서 출가수행자가 경제적 경영을 하지 못하도록 했고, 생활은 오로지 기진이나 탁발에 의지하도록 했다. 수행처인 사원은 수행자들이 만들거나 소유하는 것이 아니라 재가불자의 기진으로 형성되었으며, 수행처의 관리도 기진한 재가불자가 책임을 지는 형태였다. 최초의 사찰인 죽림정사는 마가다국의 빔비사라왕이 지어서 기진했으며, 붓다가 가장 오래 머물렀던 기원정사는 아나따삔디까 장자가 지어서 기진한 사찰이다. 당시 사찰 내부에 건물을 짓고 시설물을 관리하는 역할은 모두 재가불자가 맡았으며 수행자들은 일절 관여하지 않았다.

그러나 붓다와 직제자들이 열반하고 사찰을 기진한 재가불자들이 세대를 이어가면서 사원은 불교 공동체의 공유 재산으로 변화했다. 이에 따라 관리 책임이 주지 스님에게 부여됐다. 미야사카 유쇼(宮坂宥勝, 1921-2011)는 불교 교단의 경영 변화를 세 단계로 구분하여 설명했다.

첫째, 교단이나 출가수행자에게 재화가 기진되었을 때는 남이 못 보는 장소에 구덩이를 파서 매장했다. 이것은 무소유의 실천과 금욕 생활 그리고 계율 준수라는 모범적 생활의 실천이라는 관점에서 행해졌다. 첫 번째 단계에서 불자들은 수행자에게 음식물과 생활필수품인 와좌구 등의 사물(四物)을 공양하는 것에 머물렀다.

둘째, 화폐를 옷감 등의 물품과 교환해서 그것을 교단의 공유로 하여 모든 출가수행자가 사용했다. 이러한 사례는 위사카라는 여성 불자가 사원에 장신구를 가지고 갔다가 그것을 기진했는데, 이를 바탕으로 동원정사라는 사원을 짓게 된 것에서 찾아볼 수 있다. 수행승들이 위사카가 놓고 간 장신구를 아난 존자에게 가져다주었고 사원에서 보관하고 있었다. 얼마 후 다시 기원정사를 방문한 위사카는 자신의 장신구를 재화로 다시 사 갔고, 아나따삔디까 장자는 그 돈을 사원을 복구하는 데 사용했다.[4]

셋째, 축적된 화폐를 가지고 교단 자체가 금융 활동을 하

여 그 이윤을 교단 운영의 비용에 충당했다.[5]

하지만 유쇼가 초기불교 사찰의 금융 활동을 현대 사회의 금융업으로 간주할 수 있다고 주장한 것은 다소 무리가 있다. 앞서 언급했듯이 재화가 남았을 때 땅에 묻었다는 점, 위사카가 자신이 놓고 간 장신구를 다시 사 감으로써 동원정사를 짓게 된 사례 등을 볼 때 초기불교는 자급자족의 수행을 하다 승가 구성원이 늘어나면서 점차 경영 활동을 하게 된 것이지, 재화로 인해 수행자의 청정성이 변질된 것이 아님을 알 수 있다. 율장은 재화의 축적으로 생산된 모든 가치는 교단의 공유 재산이지 개인의 재화일 수는 없다는 점을 분명히 하고 있다.

유쇼가 주장한 내용은 초기불교 후대에 성립된 『근본설일체유부(根本說一切有部)』 혹은 중국으로 불교가 전파되어 대승불교가 확산하는 과정에 기록된 문헌에 따른 것이 아닐까 추측한다. 중국의 삼계교(三階教)에서는 무진장원(無盡藏院)을 설립했으며 이를 활용하여 거대한 사원 경제를 형성한 바 있다.[6] 고려 시대에도 무진재(無盡財)를 활용하여 사찰에서 장원을 형성한 사례가 학계에 널리 알려져 있다.

다시 말해 초기불교의 교단이 형성될 무렵 인도에서는 상업 시대가 열렸기 때문에 화폐 경제가 형성됐다. 따라서 사원 경영에 있어서도 화폐를 기진 받는 문제로 갈등이 벌어졌으며, 이로 인해 상좌부와 대중부의 분열이 이뤄지기도 했다.

불교 경전에서 찾는 공생 원리

부처님 열반 후 100여 년이 지났을 때 바이샬리의 밧지뿟따까 비구들이 십사비법(十事非法) 논쟁을 펼쳤다. 십사비법 논쟁에는 각염정(角鹽淨), 이지정(二指淨), 취락간정(聚落間淨), 주처정(住處淨), 수의정(隨意淨), 구주정(久住淨), 생화합정(生和合淨), 수정(水淨), 불익루니사단정(不益縷尼師檀淨), 금은정(金銀淨) 등이 포함됐다. 당시 야사 장로 비구가 포살 법회에 참석했다가 바이샬리의 비구 대중들이 신도들에게 금은(金銀)을 기진 받는 것을 보고 "비구는 어떤 구실로도 금이나 은을 받을 수 없다."는 주장을 강하게 펼쳤다.[7]

무소유에서
사원 경영으로
변화

●

초기불교 교단은 무소유를 철저하
게 실천하면서 수행자 개인의 소유를 금지했으나 상업 사회가 형
성되면서 결국 재화를 기진 받는 쪽으로 사원 경제의 경영 방식에
변화가 일어나는 것을 볼 수 있다. 그렇지만 재가자를 대상으로 한
붓다의 설법에서는 이미 재산 형성과 경영적 운용에 대한 가르침
이 포함되어 있다. 붓다는 불자들이 세상에서 평안하고 행복하게
살기 위해서는 어떤 경영적 관념을 갖추어야 하는가에 대해 설하
고 있다.

『쌍윳따니까야』「부유함의 경」에서는 '세상에서 으뜸가는 재산
으로 믿음'을 말하고 있다. 여기서 말하는 재산은 세속의 삶에서
사회적 기반이 되는 근본이 무엇인가를 설명하는 개념으로 사용되
고 있다. 누구나 세상을 살아가면서 재화가 필요한데 그중 진리를
믿는 마음으로 마련한 재화가 으뜸이라고 붓다는 강조했다.

"무엇이 세상에서 으뜸가는 재산이고, 무엇을 잘 닦아 안

락을 얻고, 무엇이 참으로 가장 감미로운 맛이며, 어떠한
삶이 최상의 삶이라고 일컬어지는가? 믿음이 세상에서 으
뜸가는 재산이고, 가르침을 잘 닦아 안락을 얻으며, 진리가
참으로 가장 감미로운 맛이고, 지혜로운 삶이 최상의 삶이
라 일컫는다."8

불교에서는 세상에서 으뜸가는 재산이 신재(信財), 즉 '믿음의 재
물'이라고 말한다. '믿음의 재물'을 칠성재(七聖財), 즉 '일곱 가지 성
스러운 재물' 중 하나로 설명하는 가르침이다.

"수행승들이여, 일곱 가지 재물이 있다. 일곱 가지란 무엇인
가? 믿음의 재물, 계의 재물, 부끄러움을 아는 재물, 창피함
을 아는 재물, 보시의 재물, 배움의 재물, 지혜의 재물이다.
이러한 일곱 가지 재물이 있다."9

칠성재, 곧 신재(信財) · 계재(戒財) · 참재(慚財) · 괴재(愧財) · 시재
(施財) · 문재(聞財) · 혜재(慧財)를 갖춘 사람은 남녀 관계없이 누구나
빈궁하지 않고 생활은 공허하지 않게 된다는 것이 붓다의 가르침
이다. 그리고 이러한 재물은 "불이나 물이나 왕이나 도둑이나 원하
지 않는 상속자에 의해서 약탈될 수 없다."라고 설한다.10 이 가르
침 속에는 신뢰와 신용이 가장 중요한 재산이고, 적절하게 나누고
배우면서 지혜롭게 사는 것이 바람직하다는 불교의 경영관이 내포

되어 있다.

『잡아함경(雜阿含經)』에서 바라문 울사가가 "신도가 세상을 살아 가면서 현세에서 편안하고 행복하려면 어떻게 해야 합니까?"라고 질문하자 붓다는 다음과 같은 네 가지를 제시했다.[11]

> 첫째, "이른바 선남자(善男子)가 여러 가지 직업으로써 스스 로 생활을 경영하는 것이니, 곧 농사를 짓고 장사를 하거나 임금을 섬기거나 혹은 글씨, 글, 셈, 그림으로써 이런저런 직업에서 꾸준히 힘쓰고 수행하는 것이니라."[12]

여기에서 예시로 든 직업은 농업, 상업, 관료, 학자, 화공 등이다. 이는 붓다 재세 시 인도에서 가장 일반적인 직업의 형태로 현재와 큰 차이가 없음을 알 수 있다. '스스로 생활을 이끌어야 한다'는 것 은 '자립 · 자활 · 자조의 경영과 운영 원리'를 제시한 가르침으로 볼 수 있다. 재화나 물질에서 자립하고, 스스로 생활을 영위하는 것은 삶에서 자유를 확보하는 가장 기본적인 조건이다.

이와 함께 팔정도 중 정명(正命)은 올바른 직업의 기준으로 제시 된다. 이는 악업을 짓지 않고 불법(佛法)을 실천하는 정직한 생활을 표현한 것으로, 특정한 직업에 제한을 두지 않는다. 다만 사회의 윤리와 도덕에 어긋나지 않으면서 그 결과가 선업으로 연결되어야 함을 강조한 것으로 해석할 수 있다. 또 이 가르침은 어떤 직업에

불교 경전에서 찾는 공생 원리

종사하든 자신이 맡은 일에 최선을 다해야 한다는 점을 강조하고 있다.

> 둘째, "이른바 선남자가 방편으로 얻거나 내 손으로 일하고 법답게 얻어 소유하게 된 돈과 곡식을 잘 지켜 보호하여, 임금이나 도적에게 빼앗기거나 물에 떠내려 보내거나 불에 태우는 일이 없게 하고, 잘 지키지 못해 잃어버리거나 사랑하지 않는 자에게 빼앗기거나 여러 가지 재앙으로 없어지는 일이 없게 하는 것이니, 이것을 선남자가 살림을 잘 보호하는 것이라 하느니라."[13]

여기서는 자신의 재산을 보호하는 것이 올바른 생활의 근본이라고 강조한다. 이를 경전에서는 '수호의 갖춤'으로 설명하고 있다. 재산의 수호는 권력을 가진 왕, 사악한 탐욕을 가진 도적, 불과 물 등과 같은 재해, 분쟁의 상속자 등으로부터 보호하는 것을 의미한다. 왕이나 권력자는 권력이나 법, 세금 등으로 사적인 재산을 탈취할 수 있기에 그러한 탈취로부터 재산을 보호하는 경영은 누구나 해야 할 일이다.

도적이나 강도 등에게 재산을 강탈당하지 않는 것도 중요하다. 화재나 수재 등과 같은 재해로 재산이 부질없이 소멸하지 않도록 하는 것 역시 자신의 재산을 수호하는 것이다. 마지막으로 형제나 자식 등 재산을 상속받는 사람이 분노나 탐욕으로 가득 차 있을

경우는 상속해도 재산이 지켜지지 않기 때문에 주의해야 한다고
가르치고 있다.

> 셋째, "만일 법도에 어긋나지 않고 방탕하지 않으며, 허망
> 하지 않고 음흉하지 않은 선남자가 있다면, 그런 착한 벗
> 은 나를 편안하게 한다. 곧 아직 생기지 않은 근심과 괴로
> 움은 생기지 않게 하고, 이미 생긴 근심과 괴로움은 깨닫게
> 하며, 아직 생기지 않은 기쁨과 즐거움은 빨리 생기게 하
> 고, 이미 생긴 기쁨과 즐거움은 잘 단속해 잃어버리지 않게
> 하나니, 이것을 선남자가 착한 벗과 사귀는 것이라 하느니
> 라."[14]

여기서 말하는 선남자는 '젊고 행실이 착한 자, 믿음이 있는 자,
계행이 청정한 자, 베풂을 갖춘 자, 지혜를 갖춘 자'이며, 이들과 사
귀고 대화하고 논의하면 유익하다는 가르침이다. 이 시대 젊은 세
대들이 세속의 권력과 재산, 욕망과 방탕의 유혹에서 벗어나 자신
의 자리에서 올곧은 경영과 사회봉사를 실천한다면 많은 사람이
그들을 국가 미래를 이어갈 든든한 선남자로 여길 것이다.

> 넷째, "이른바 선남자는 그가 가진 돈과 재물에서 지출과
> 수입을 맞춰 보며 빈틈없이 관리하여 수입이 많고 지출이
> 적거나, 지출이 많고 수입이 적게 하지 않아야 한다. 마치

저울을 잡은 사람이 적으면 보태고 많으면 덜어 평형을 이뤄야 그만두는 것과 같다. 이와 같이 선남자도 재물을 헤아려 수입과 지출을 알맞게 하여 수입이 많고 지출이 적거나, 지출이 많고 수입이 적게 하지 않아야 한다. 만일 선남자가 재물이 없는데도 마구 뿌려 쓰면서 생활한다면 사람들은 모두 그를 우담발(優曇鉢) 열매라고 부를 것이다. 그는 어리석고 탐욕이 많아 그 뒷날을 돌아보지 않기 때문이다."[15]

붓다는 이러한 삶을 '올바른 생활을 갖춤'으로 설명하고 있다. 생계를 경영하는 방법에 있어 재물이 늘거나 줄어드는 것을 알아서, 낭비하지 않고 곤궁하지도 않게 균형 있는 생계를 유지해야 한다고 설한다. 여기서 제시한 불교의 경영관은 균형 있는 삶으로, 중도의 가르침을 실천하는 것이 이상적인 삶이라는 것을 보여 준다. 즉 수입과 지출의 균형, 사치와 궁핍의 현실적 중도를 불교의 경영관으로 해석해 볼 수 있다.

붓다에게 배우는
현대적
경영 원리

●

　　『앙굿따라니까야』「사업의 경」에
서는 사업의 성공과 실패 요인을 설하고 있다. 이 경에서 사리불 존
자는 "사업을 하는데 그만큼 열심히 노력해도 실패하는 사람들이
있는데 어떠한 원인과 조건 때문인가?"라고 묻는다. 이에 대해 붓
다는 "신뢰에 기인한다."고 설하며 이러한 신뢰는 현세뿐만 아니라
전생에 지은 공덕에서도 기인한다고 말한다.

> "세상에 어떤 사람이 수행자들이나 성직자들을 찾아가서
> '존자여, 필요한 것을 말씀하십시오.'라고 약속한다. 그가
> 약속한 것을 보시하지 않는다. 만약 그가 거기서 죽어서 이
> 세상에 왔다고 한다면, 그가 어떠한 사업을 하든 열심히 노
> 력하더라도 의도한 만큼 성공하지 못한다."[16]

　　보시에 대한 약속과 그 실천은 곧 신뢰의 상징이다. 사회생활에
서 신뢰를 얻지 못하면 친구가 멀어지고 후원자를 구하기 어려우

며 투자도 유치할 수 없다. 현대 사회에서도 신뢰는 신용의 토대가 되기 때문에 사업의 성패에도 결정적으로 작용할 수 있다.

기업들은 지금까지 수익 창출을 위해 사회의 질책이나 비판도 마다하지 않았다. 그러나 오늘날 세계는 기업에 ESG 경영을 통한 투명성 확보를 요구하고 있다.[17] 이러한 시대적 요구에 부응하기 위해 불교는 공생적 ESG 경영으로 투명성을 더 소중히 지켜나가는 방식을 추구해야 할 것이다.

초기불교의 사원 경영에서 포착할 수 있는 공생적 ESG 경영 원리는 사찰이 사회적 책임을 다해야 한다는 점을 시사하고 있다. 초기불교에서 사찰은 사회적 책임에 대해 수행자의 무소유 실천과 윤리적 삶, 세속적 삶의 균형 등을 강조했다. 또 최상의 삶은 지혜로운 삶이며, 직업을 갖는 것은 스스로의 삶을 유지하는 최상의 길이고, 삶 속에서는 계행을 토대로 윤리와 도덕의식을 갖추고 나눔과 베풂을 잘 실천해야 한다는 것을 보여 주고 있다.

불교의
사회적
책임과 윤리

•

　　　　　　　　불교는 무소유의 가르침을 실천하
고 세간보다는 출세간의 삶을 지향하기에 경영이나 경제와 관련된
언급이 많지 않다. 일부 경전에서 이와 관련된 언급이 있으나 현대
적인 경영 원리와는 다소 차이가 있는 것도 사실이다. 그럼에도 불
구하고 현대 경영에서 활용할 수 있는 중요한 가르침들이 있기에
이를 검토하고자 한다.

　불교 경전에서 언급되는 경영관은 주로 세속 생활을 유지하는 방
법의 하나로 제시된 것들이다. 『장아함경(長阿含經)』에 포함된 『선생
경(善生經)』에서는 주인이 하인을 대할 때 다음과 같이 다섯 가지로
가르쳐야 한다고 설하고 있다. 다섯 가지의 내용은 첫째 능력에 맞
게 일을 시키는 것, 둘째 음식을 주는 것, 셋째 보수를 제때 주는 것,
넷째 병이 들면 약을 주는 것, 다섯 번째 휴가를 허락하는 것이다.

　"선생아, 주인은 다섯 가지 일로써 하인을 가르쳐야 한다.
　어떤 것이 다섯 가지인가? 첫 번째는 그 능력에 알맞게 부

리는 것이며, 두 번째는 제때 음식을 주는 것이며, 세 번째
는 제때 보수를 주는 것이며, 네 번째는 병이 들면 약을 주
는 것이며, 다섯 번째는 휴가를 허락하는 것이다. 선생아,
이것이 다섯 가지 일로써 하인을 부리는 것이다".[18]

이를 현대의 기업 경영에 비추어 보면 경영자는 직원들의 능력
을 계발하고 그것에 부합하는 업무를 부여하는데, 이는 인사 관리
의 가장 중요한 원리다. '음식을 주는 것'은 업무 시간에 점심이나
저녁 식사를 제공하거나 식대를 지급하는 것을 말하며 이는 직원
들의 복리후생 증진을 위해 꼭 필요한 일이다. '보수를 주는 것'은
합리적인 급여 제도의 정착과 정기적인 지급의 원칙을 지키는 일
에 해당한다. 직원들에게 적정한 급여와 성과급을 지급하는 것은
기업에서 유능한 인재를 확보하는 필수 조건이다.

'병이 들면 약을 주는 것'은 현대 사회에서는 의료 보험과 산재
보험 등으로 제도화되었다. 직원들이 업무상 과로 등으로 병이 생
기거나 재해를 당했을 때 이를 보상하는 것은 고용 안정과 직원 복
리를 위해 필요한 제도이다. '휴가를 주는 것'은 현대 기업 경영에
서 의무적으로 이행해야 하는 일로 현재는 주 5일제 근무가 보편
화 되면서 일주일에 2일의 휴가를 주고 있다. 그리고 연차 휴가를
비롯해 365일 중에서 50일 이상의 휴가를 보장하는 것이 일반적
이다.

이와 같은 가르침은 2,600여 년 전에 설해진 것이지만 현대 사

회의 기업 경영관에 그대로 적용해도 될 정도로 합리적이며 체계적인 원리다. 즉, 능력 개발, 식사 제공, 합리적 보수, 건강 관리, 적절한 휴가 제공은 현대 기업들이 실천해야 할 인간적인 경영의 원리라고 할 수 있다.

『선생경』에서는 전문성을 갖춘 기술 습득과 그것을 바탕으로 한 재화의 축적을 강조한 바 있다. 이것은 농업 사회에서의 농경 기술, 상업 사회에서의 장사 기술, 산업 사회에서의 과학 기술 등과 같이 여러 의미를 포함한다. 삶을 영위하고 생활을 향상할 수 있는 기술의 습득은 현대에서도 꼭 필요한 일이다.

> "처음에는 먼저 기술을 배우고 다음으로는 재물을 구하며 재물을 구한 뒤에는 그것을 나누어 네 몫으로 만들라. 한 몫으로는 음식을 만들고, 한 몫으로는 농사의 밑천으로 삼고, 한 몫은 간직하여 저축했다가 급할 때 쓰도록 하라. 농사꾼이나 장사꾼에게 주어 나머지 한 몫으로 이자를 낳게 하고 다섯째로는 아내를 맞이하고 여섯째로는 집을 장만하라."[19]

『선생경』에서는 재화가 축적되면 음식을 준비하는 등의 생활비, 영농 자본금 지출, 저축, 금융을 통한 이윤 추구의 네 분야에서 지출하는 방법을 제시하고 있다. 이 경전에서는 재화의 축적 방법에 초점을 두어 자본 투자와 저축, 금융을 통한 원리금의 증식 등을 설명하고 있다.[20] 이것은 현대 경영학에서도 중요하게 여기고 있는 투자, 저축, 이자 발생의 경영 원리와 다를 바 없다. 그리고 가정을 꾸리고 집을 장만하는 문제도 동서고금을 막론하고 공통적인 중요한 과제이다.

『대승본생심지관경(大乘本生心地觀經)』에서는 상업에 종사하는 장자(長子)가 자신이 가진 재화를 4등분으로 나누어 사용하는 방법을 제시하고 있다. 즉 4분의 1은 가업을 늘릴 수 있도록 이자를 확보하고, 4분의 1은 일생생활을 영위하는 데 사용하고, 4분의 1은 가족이 없는 외로운 사람들을 후원하는 데 사용하고, 4분의 1은 친인척과 나그네 등을 지원하는 데 사용하도록 설하고 있다.

> "이 큰 장자가 가지고 있는 재물과 보배를 넷으로 나누어 일 분의 재보는 항상 이자[息利]를 구하여 가업을 늘리고, 일 분의 재보는 날마다 쓰는 데 공급하여 충당하고, 일 분의 재보는 가족이 없어 외로운 이에게 보시하여 복을 닦고, 일 분의 재보는 종친과 오가는 나그네를 구제했다. 이와 같이 넷으로 나눈 것이 일찍이 끊어짐이 없어서 아버지와 아들이 서로 이어 대대로 가업을 삼았다."[21]

사분법의 내용은 해석에 따라서 다소의 차이를 보여 논란의 여지가 있다. 그러나 일부 해석의 차이에도 불구하고 사분법이 "지출에 대한 가르침의 성격보다는 재물의 지속적 취득을 위한 재산의 합리적 운용과 관리에 관한 가르침의 성격이 더 강하다."[22]라는 평가에는 대체로 동의한다.

앞서 살펴본 바와 같이 재화를 사용 목적에 따라 분산해 경영했다는 점에 주목하지 않을 수 없다. 또 재화를 운영함에 있어 사회적 실천이 필요하다는 메시지는 대승불교 사상에서 자리(自利)보다는 이타(利他)에 비중을 두어 자기완성을 미루는 함축성을 가진다. 이를 반영하는 '승만 부인 10대 서원'[23]의 보살은 중생의 현실적 아픔과 괴로움을 해결해 주려고 노력한다. 이러한 대승 보살의 적극적이고 구체적인 실천 정신은 현대인들의 현실적인 삶의 문제에 대한 붓다의 가르침을 내포한 공생적 ESG 경영의 모범적 사례라 할 수 있다.

경영에서 이윤 추구, 생활비 지출, 불우 이웃 지원, 친인척과 이웃의 구제는 윤리적 지출과 도덕적 삶을 추구하는 경영 원리로 이해할 수 있다. 현대 기업 경영의 경우, 경제에서 적절한 이윤 추구와 합리적 지출은 필요한 원리임에 틀림이 없지만, 더 중요한 것은 윤리적 경영이다.

앞으로 국내·외 사회는 ESG 경영의 실천을 더욱 강하게 요구할 것이다. 더 나아가 종교의 청정함을 지향하는 공생적 ESG 경영은 선택이 아닌 의무로, 사찰과 종교 집단의 미래를 평가하는 기준이 될 것이다. 이러한 점에서 사회복지를 위한 기여와 후원, 어려움에 직면한 동료와 가족을 구호하는 일은 선택이 아니라 반드시 실천해야 할 필수 요소가 될 것이다.

공생적 ESG 경영의
선구자들

공생적 ESG 경영 개념을 설정함으로써
현 상황을 타개하고
지속가능한 미래로 전환하기 위한
통찰이 필요한 시점이다 .

불교 경영의
실천 원리
분석

●

　　불교의 경영관에 관한 선행 연구는 드물다. 불교는 무소유를 강조하고, 수행자의 청정한 삶에 관한 가르침이 주를 이루다 보니 세속적인 경제와 경영에 대한 직접적인 가르침은 적기 때문이다. '불교는 경제사상이나 경영과는 관계 없지 않냐?'는 질문이 제기되는 이유 역시 붓다의 가르침을 일차원적인 측면에서 비교·설명하려 했기 때문이다. 하지만 경전에 근거한 붓다의 가르침은 이 시대 경영학의 시원(始原)으로 보기에 부족함이 없다.

　　붓다의 설법은 2,600여 년 전 농업 중심의 사회에서 상업적 요소가 도입되던 시기에 설해진 가르침이다. 따라서 급격한 산업화 및 고도의 정보화가 진행된 현대의 경영에 일차원적으로 대치해 설명하기에는 한계가 있다. 다만 붓다의 가르침 중에는 농경 사회, 상업 사회, 산업 사회, 정보화 사회로 변화되는 과정에 공통으로 적용할 수 있는 보편적 원리가 있기에 이를 현대 경영에 응용해도 거부감이 없을 것이다.

현대 자본주의는 대량 생산과 유통 혁명으로 사람들의 생활 방식을 바꿔 놓았다. 이러한 변화로 사람들은 일상생활을 즐기고 소비를 단순하게 여기게 됐다. 개인주의에 따른 생산과 소비는 환경을 오염시키고 그 오염이 다시 인간에게 돌아오는 악순환의 연결 고리를 만들어 내고 있다. 이를 극복하고자 하는 글로벌 ESG 경영 선언은 자연환경과 인간이 조화를 이루는 '공생주의'라는 의미를 담고 있다.

이번 장에서는 현대 불교에서 불교 경제와 경영의 논리를 처음으로 사용한 슈마허, 복전 사상으로 불교 경영을 설명한 미야사카 유쇼, 승가의 사회적 의무와 유대를 강조한 박경준, 불교를 시장과 자본친화적 종교라고 주장한 윤성식, 사원 경제에 따른 불교 경영 원리를 다섯 가지로 요약하여 기술한 오노 신조의 저술을 분석해 볼 것이다. 이 다섯 사람을 분석 대상으로 정한 것은 이들의 저술이 불교 경영관에 대한 실천 원리를 현대적 관점에서 비교적 상세하게 기술했기 때문이다

슈마허
: 자연과 인간의
조화로운 공생

●

경제학과 경영의 관점에서 붓다
의 가르침이 조명되기 시작한 것은 슈마허(Ernst Friedrich Schumacher,
1911-1977)가 『작은 것이 아름답다』[24]라는 책에서 '불교의 경제학'을
논하면서부터라고 할 수 있다. 이 저술을 기점으로 불교의 가르침
에서 확인되는 경제와 경영에 있어 최소의 소비, 중도의 경제 이념
등이 본격적으로 논의되기 시작했다.

슈마허는 1970년대에 직면한 생산의 측면에서 보았을 때 현대
경제의 경영은 오래 지탱하지 못할 것으로 진단했다. 천연자원의
양은 한계가 있고 시간이 지나면 소진될 것으로 예측했기 때문이
다. 그는 미얀마(당시 버마)의 불자들이 살아가는 모습을 알게 된 뒤
에 "버마 사람은 꿈과 행동을 신앙에 일치시키는 신성한 의무를 갖
고 있다. 이것이야말로 우리가 영원히 이룩하려는 것."이라고 언급
한 바 있다.[25] 그리고 책에서 다음과 같이 불교 경제와 경영의 기조
를 '간소화와 비폭력'으로 설명했다.

"불교 경제학의 기조는 간소화와 비폭력이다. 경제학자의 관점에서 불교도의 생활 양식을 보고 놀라는 것은 그 양식의 완벽한 합리성이고, 놀랄 만큼 적은 수단으로 크게 만족할 만한 결과를 이끌어 내는 것이다."[26]

이를 바탕으로 슈마허는 "소비는 인간 복지의 단순한 수단이고 목적은 최소한의 소비로 최대한의 복지를 얻는 데 있다."고 보았다. 최소한의 소비로 최대한의 복지를 얻는 방법은 불교의 해탈과 중도를 배우는 것이라고 주장했다.

실제 당시 버마족은 대다수가 불자이며 물질적 풍요보다는 정신적 행복을 더 중요한 가치로 여기는 경향이 있었다. 예를 들면, 밭에서 일하다가 다이아몬드, 루비, 금 등과 같은 값비싼 보석을 발견하면 대부분의 불자는 그것을 본인이 소유하지 않고 사찰에 기진하는 사례가 많았다. 이렇게 기진한 재화가 모이면 탑을 지어 수행자가 수행에 몰두하도록 공양을 올리는 문화가 보편화되어 있었다. 슈마허는 불교의 가르침에서 유래한 버마족의 이 같은 생활 태도가 현대인들이 배워야 할 매우 이상적인 것으로 평가했다.

그리고 물질적 자원은 사회 어느 분야에서나 무한하지 않기에, 자원을 신중하게 사용해 각 분야에서 필요를 충족하기 위한 갈등을 줄여야 한다고 강조했다. 슈마허는 사람들이 무한 경쟁하는 세계적 시스템에 자신의 생활을 내맡기지 않아야 자원에 대한 욕심으로 발생하는 대규모 폭력에 말려드는 일이 적을 것이라고 보았

공생적 ESG 경영의 선구자들

다. 슈마허의 이런 생각은 지역 중심의 소비 패턴과 천연자원의 사용 절제, 환경 보호 등을 제시하기에 이른다.

슈마허는 "현대 경제학은 재생 가능한 원료와 재생 불가능한 원료를 구별하지 않는다."라고 비판하면서 "불교도들은 재생 불가능한 자원은 필요불가결할 때만 사용하고, 사용할 때는 최대한의 주의를 기울인다."라고 주장했다. 그리고 '근대적 성장이냐? 전통적인 정체냐?'라는 선택적 차원에서 벗어나 물질주의자의 금전주의와 전통주의자의 부동성의(不動性義) 중간 지점에 있는 올바른 개발의 길, 정생명(正生命)의 길이 바른 방향이라고 제시했다. 슈마허의 이와 같은 방향 제시는 불교에서 정도(正道)와 중도(中道)를 실천해야 한다는 가르침과 일맥상통한다.

슈마허 불교 경제학의 이론적 관점은 이전 시기에 주류를 이룬 논의와는 달리 매우 신선한 주장이었다. 슈마허의 주장은 경영 분야에서 적용하기에 매우 현실적이며 실천적이라고 평가할 수 있다. 이런 주장과 평가에 따르면 ESG 경영은 갑자기 만들어진 이론 체계가 아니라 붓다 경영의 '공생주의' 원리에 기초한 것이라 정의할 수 있다.

슈마허의 주장을 공생적 ESG 경영과 연계해 보면 지속가능한 환경을 유지할 수 있는 필수적인 단서를 제시하고 있음을 알 수 있다. ESG 측면에서 슈마허의 환경적 접근에 대한 지향성은 최소 소비, 재생 가능한 자원의 소비, 지역 중심의 소비 등이라고 볼 수 있다. 그는 소비를 최소화해 환경 오염 물질 배출을 최대한 감소하고,

재생 가능한 자원을 소비함으로써 낭비되는 자원을 줄이고자 했다. 또 지역 중심의 소비를 통해 운송 과정에서 발생하는 매연 배출을 저감하고, 에너지 사용을 줄여야 한다고 강조했다. 그리고 슈마허는 경영 활동이 사회와 환경에 미치는 영향을 고려하여 '작은 규모 사업'의 개념을 제시했는데, 특히 농업 분야에서 대규모 농업보다 소규모 농업이 더 지속가능하고 효율적인 운영 방식이라고 주장했다.

이러한 논의는 곧장 한국 불교 현실에 적용할 수 있다. 한국 불교계는 전국 곳곳에 휴경지 등 토지 자원이 산재하고 있는데, 이를 단위별로 야영지 개방이나 숲속 캠프, 숲 명상, 산나물 파종 체험 등 숲과 자원을 살리는 소규모 사업에 활용하는 것이 가능하기 때문이다. 대규모 사업이라면 한국 불교의 현실과 정서에 맞지 않아 실현하기 어려울 수 있다. 하지만 슈마허가 제시한 '작은 규모 사업'의 개념을 통해 현실에 맞는 사업 규모와 대상을 찾을 수 있고, 이를 통해 한국 불교에서 공생적 ESG 경영 개념을 기획하고 시도할 수 있을 것이다.

슈마허는 지속가능성, 공동체, 인간성을 중심으로 새로운 경영 모델도 제시했다. 그리고 지속가능한 발전을 위해서는 적절한 기술의 선택도 중요하다고 강조한다. 그가 제시한 불교의 모태는 공동체의 근원인 사부대중을 포함하고 있다. 사부대중이 가지고 있는 지속가능한 기술을 연출할 공간을 마련하고, 이를 통해 종교에 거부감을 가지고 있는 MZ세대와 소통하며 불교에 활력을 불어넣는 방안을 모색해 볼 수 있을 것이다.

 침체하고 있는 불교가 본연의 생명력을 회복하기 위해서는 보살의 서원으로 사찰을 찾는 이들을 바라보는 것이 중요하다. 공생적 ESG 경영 개념을 도입해 어려운 현 상황을 타개하고 지속가능한 미래를 만들어 가기 위해 불교는 어떻게 전환해야 하는지에 대한 통찰이 필요한 시점이다.

미야사카 유쇼
: 지속가능한
불교와 사회

●

불교를 경영 관점에서 분석한 경제 관념과 사상은 미야사카 유쇼(宮坂宥勝, 1921-2011)가 지은 『불교에서 본 경제사상』[27]에서 상세하게 언급되고 있다. 부처님 재세 시, 즉 초기불교의 교단에서는 출가주의를 채택했기에 수행자들은 무소유를 엄격하게 실천했다. 하지만 대승불교에 이르러서는 이러한 사상적 기반을 토대로 재화의 가치를 표방한다. 재화의 가치는 시여(施與)를 실천하고, 재화와 법을 가지고 봉사할 때에 실현된다. 그러기에 대승불교에서도 시여를 해야 한다는 점을 강조하고 있다.[28]

미야사카 유쇼는 칠복전(七福田)을 모든 사람의 생활을 향상하고 안심시키기 위한 일종의 공공사업으로 해석했다. 칠복전은 사원의 건립, 정원 및 연못 조성과 조림, 의료 활동, 조선(造船) 사업, 교량 건설, 공동 우물 시공, 공동 화장실 시공으로 제시된다.[29] 사원의 건립이 단순히 종교적인 목적만이 아니라 사회를 구제하는 의미를 담고 있다고 본 것이다. 이러한 칠복전은 개인의 안위가 아니라 사회 발전과 번영의 동체대비 사상을 지향한다고 볼 수 있다. 인도 마우

리아 왕조의 아쇼카 대왕에 이르러서는 사회봉사와 더불어 동물 병사(病舍)의 건립을 통해 생명존중 사상을 실천했음을 알 수 있다. 오늘의 불교 교단도 아쇼카 대왕이 실현한 자비 정신을 본받아서 사회복지 실천, 재해 긴급 지원, 생명나눔, 지구촌 환경 보호 등을 통해 생명존중 사상과 사회봉사를 중요시하고 있다.

'복전'의 사전적 의미는 '공양을 통해 선행을 쌓아서 내생의 복을 마련하는 일'로 정의된다. 복전은 '복을 짓는 밭'이라는 의미도 있으며, 복을 짓는 대상을 말하기도 한다. 복전은 그 종류가 많지만, 그중 팔복전(八福田)이 가장 광의의 복을 짓는 대상이다. 팔복전은 사람을 대상으로 할 때 불전(佛田), 성인전(聖人田), 승전(僧田), 화상전(和尙田), 아사리전(阿闍梨田), 부전(父田), 모전(母田), 병전(病田)이다. 대중을 위한 보살행의 실천을 중심으로 할 때는 길가에 샘을 파는 일, 물가에 다리를 놓는 일, 험한 길을 잘 닦는 일, 부모에게 효도하는 일, 삼보(三寶)를 공경하는 일, 병든 사람을 간호하는 일, 가난한 사람에게 밥을 주는 일, 무차대회(無遮大會)를 열어 고혼(孤魂)을 제도하는 일이 포함된다.

유쇼는 불교의 경제 윤리를 일반 사회의 경제 메커니즘과 사바라밀(四波羅蜜)을 배대(配對)해 설명하고 있다. 일반 사회의 경제 메커니즘은 생산, 유통, 소비, 분배 등으로 구성되어 있다. 이를 바라밀과 연계해 생산은 정진바라밀을 통한 정려, 유통은 인욕바라밀의 실천을 통한 관용, 소비는 지계바라밀을 통한 절제, 분배는 보시바라밀을 통한 시여 등으로 설명했다.[30]

또 '정보화 사회에서 가장 중요한 것은 개인 존엄성의 자율적인 확립'이라고 규정한 후 현대인들은 '자기의 존엄에 대한 인간적인 각성, 불성의 자각'을 통해 구현될 수 있다고 보았다.[31] 이어 자기 회복성과 사회 확충성은 상즉불리(相卽不離)의 관계 속에서 각행원만(覺行圓滿), 즉 인간적 자각의 실천이 성취된 세계에서 가능하다고 보았다. 유쇼는 자연환경을 보호하는 것이 천연자원을 청정하게 하는 일이고 인류의 미래를 결정할 수 있는 중요한 과제라고 주장했다.

> "생활이 시대적으로 변하여도 '검약'이라든가 '절감' 등의 덕목은 항상 중요한 것이지만 자칫하면 자연의 재산으로부터 받은 혜택을 잊고, 자연환경의 덕분으로 살아가고 있다는 실감이 희박해지기 쉽다. (중략) 자연재인 천연자원의 생명을 깨끗하게 하는 일은 인류의 장래에 부과된 가장 중요한 과제 중 하나인 것이다."[32]

유쇼의 주장에 따르면 자연이 주는 자원은 현대인이 어떠한 대가를 지불하고도 살 수 없고, 자연환경은 생명의 근원이자 소중한 가치를 지닌 것이기에 미래 세대에게 반드시 전해져야 하는 중요한 요소다. 그러나 오늘날은 소비가 미덕이라는 현대인의 심리에 편승하여 더 많은 대량 소비가 이뤄지고, 정보의 홍수로 인해 인간의 고립화가 심화하고 있다. 따라서 정보화 사회에서 가장 중요한 것

은 개인 존엄성의 자율적인 확립이라고 할 수 있다.[33]

유쇼는 "인간이 살아가기 위한 경제생활과 경영 활동은 인간의 한없는 욕망을 추구하는 수단으로 작용한다."고 보았다. 따라서 현대 사회의 경제 문제, 경영 윤리를 인간답게 하는 것은 인간의 불성(佛性)과 깊이 관련되어 있다고 진단했다. 이러한 문제들이 인간 정신의 근원에서 비롯되는 한 경제와 불교는 결코 무관한 것도, 영역이 다른 것도 아니라는 주장이다. 유쇼는 보시바라밀에 기초하여 특정인의 이윤 독점과 소비재 낭비를 억제하며, 모든 사람의 생활을 향상하는 시여로 인한 복지의 필요성을 강조했다. 이러한 주장은 현대 사회복지 분야에 불교적 가치관을 접목하는 데 긍정적인 방향성을 가지고 있다. 개인의 생존은 결코 우연한 것이 아니며, 자기 혼자서만 살 수 있는 것이 아니라는 점에서 성찰해 볼 의미가 있다.

공생적 ESG 경영의 관점에서 볼 때 유쇼의 주장은 지속가능한 사회 발전에 대한 기여 여부가 주된 내용을 이루고 있다. 요컨대 현대 경영에서 우려되는 문제를 혁신하기 위해서는 다양한 인적 자원과 인권을 중시해야 하고, 지역사회에 미치는 영향력과 직원의 복지 및 사회적 공급망에 대한 고려 등이 필요하다는 것이다. 그리고 소비자를 보호할 뿐만 아니라 기업의 위험을 낮추고 투자자를 보호하는 문제도 중요하다. 식품 시장에서는 동물 학대 방지와 동물권 인정 등의 문제가 대두되고 있다.

유쇼의 관점에서 공생적 ESG 경영은 복전 사상의 현실적 실천으로 설명할 수 있는데 이는 사찰의 사회적 역할과 관련성이 높다. 유쇼가 제시한 칠복전 중 사원의 건립은 불교적 의미만이 아니라 사회적 의미도 내포하고 있다. 즉 사찰은 사회 간접 자본이면서 동시에 난민 구제 역할도 해야 한다는 것이다. 정원 및 연못 조성과 조림 사업을 하는 것, 의료 활동을 통해 병자를 치유하는 것, 조선(造船) 사업을 통해 국제 교역과 교류를 촉진하는 것, 교량과 공동 우물 그리고 공동 화장실 등의 시설을 만드는 것 역시 사찰이 실천해야 할 사회적 역할이자 소임으로 보았다. 이들 모두 공생적 ESG 경영에 함축된 지속가능한 사회를 만드는 방법으로 제시할 수 있다는 것이다.

박경준
: 공업 사상으로
사회적 실천

●

　　　　　　　　　불교의 사회화에 앞장서 온 박경
준은 『불교사회경제사상』에서 "석존(釋尊)은 분명히 출가자에게 일
종의 사회적 의무와 책임이 있음을 설하고 있다."고 주장하면서
"60명의 비구가 환속한 것은 이러한 의무감이 부담스러웠기 때문."
이라고 보았다.[34]

> "남에게서 의복, 음식, 평상과 요와 탕약 따위의 보시를 받
> 는 것은 모든 시주로 하여금 큰 복을 얻게 하고, 큰 과보를
> 얻어 큰 광명을 얻게 하기 위한 것이다. 설법이 끝나자 이
> 설법을 들은 120명의 비구 가운데 60명은 번뇌가 다하고
> 모든 의심이 풀렸지만, 60명은 퇴보심을 일으켜 계를 버리
> 고 환속했다."[35]

이에 대해 박경준은 "승가의 사회적 의무와 유대를 배경으로 붓
다는 무엇보다도 사회적 화합 또는 사회적 통합을 중요시한 것"으

로 해석한다. 그리고 승가가 '사회 통합'의 기능을 충실히 수행하려
면 승가 자체가 화합되고 통합되어야 한다고 주장했다.[36] 또 그는
『선생경』에서 현대적인 노사 관계로 이해할 수 있는 내용을 발췌
하여 재해석하고 있다. 『선생경』에서는 "주인 된 이는 다섯 가지 일
로써 종자(從者)와 노작자(勞作者)를 대해야 한다."는 가르침을 설하
고 있다. 다섯 가지 일이란 능력에 따른 업무 부과, 음식물 · 급료
· 의약품 · 휴가 제공 등이다.[37] 이러한 설법은 공생적 ESG 경영에
서 보면 사회적 측면에서 응용할 수 있는 가르침으로 해석할 수 있
다. 박경준은 또한 "불교에서의 재화는 윤리적 삶의 기초, 사회복지
의 토대"라고 해석한다.[38]

> "불타(佛陀)는 국가적 혹은 개인적 재의 분배에서 그 대상
> 인 수혜자의 선택을 도덕적 기준에서 찾음으로써 분배 정
> 의에서 사회적 합의를 확보하고 있는 것이다. 평등과 자비
> 를 그 근간으로 하는 시여의 분배 원리는 오늘날의 문제와
> 도 무관하지 않음을 확인할 수 있다."[39]

박경준은 불교의 공업 사상(共業思想)이 사회적 실천을 촉진하는
요소라고 설명한다. 즉 "사람들이 불행하거나 행복한 것은 자신들
이 과거에 지은 근본적인 업 때문만이 아니고 또 다른 원인이 작용
하고 있다."[40]고 해석하면서, 그 요인을 『대반열반경(大般涅槃經)』에
서 말하는 '사대(四大), 시절(時節), 토지(土地), 인민(人民)'으로 설명했

공생적 ESG 경영의 선구자들

다. 『대반열반경』 「교진여품」에서는 일체중생이 고통과 안락을 받는 요인을 다음과 같이 설하고 있다.

"일체중생이 현재에 사대와 시절과 토지와 인민들로 인하여 고통과 안락을 받는다. 이런 이유로 나는 일체중생이 모두 과거의 본업만으로 인하여 고통과 안락을 받는 것이 아니라고 설하느니라."[41]

박경준은 불교의 공업 사상이 "우리에게 성숙한 시민 의식을 갖고 모두의 안전을 위한 시민사회운동에 적극적으로 참여할 것을 가르친다."라고 해석했다.[42] 이와 같은 해석은 공생적 ESG 경영에 실천적 가르침이 함의되어 있음을 알려 주고 있다.

이러한 해석에 따르면 자연환경의 보호, 사회 참여의 확대, 노동환경의 개선이 공생적 ESG 경영의 핵심 과제라고 볼 수 있다. 이를 한국 불교의 현실에 적용해 본다면, 산중에 있는 사찰들은 인근에 있는 고령화 마을의 일원으로 일상에서 어려움을 겪고 있는 구성원들에 대해 '돌봄'을 시행할 수 있을 것이다. 이러한 활동을 통해 불교는 지역사회에 참여하는 긍정적 이미지를 확산하는 효과도 얻을 수 있을 것이다.

윤성식
: 불교 자본주의와
경영관 [43]

●

　　　　　불교와 경제학에 주목한 윤성식은
불교가 '시장과 자본 친화적 종교'라고 규정하고, 설립 당시 불교의
주축은 농민이 아니라 신흥 상공업자였다고 설명한다. 당시 불교는
시장 제도를 인정하며 사유 재산도 허용하고 이자까지도 허용했다
고 주장한다.

　『중아함경(中阿含經)』에서는 "빈궁한 것, 남의 재물을 빌리는 것,
재물을 빌려 이자가 길어 가는 것, 빚 독촉을 받는 것, 빚 주인에게
예속되는 것은 큰 고통"이라고 설하고 있다. 이에 대해 윤성식은 중
생들의 경제적 고통을 해소하기 위해 무진물(無盡物)을 회전하여 이
익을 추구하는 제도가 형성되었다고 해석했다. 그러나 율장의 문
헌에 따르면 붓다 재세 시에 출가자들은 사유 재산을 갖지 않고 오
직 탁발과 공양만으로 수행하며 철저하게 무소유를 실천해야 했으
며, 거주지에 일정 기간만 머무르고 이동하는 삶을 살아야 했다.

　윤성식은 "다양한 출가자들이 등장하며 일부에서는 집을 소유
하거나 재산을 가지고 출가하는 사례도 나타났다. 그런데 출가자에

게 사유 재산을 허용하고 노비를 데리고 출가한 귀족이 있었다."[44] 라고 해석한다. 그러나 이 해석은 경전의 일부 내용에만 천착하여 오역한 것으로 보인다.

윤성식이 인용한 사례가 경전에 실려 있는 것은 분명한 사실이다. 하지만 이러한 내용은 출가자로서 잘못된 행동을 제시하고 그 잘못을 일깨워 줌으로써 무소유를 실천하고 노비를 구제하는 결과의 방편을 보여 준 것으로 해석해야 타당할 것이다. 그리고 '출가자가 집을 소유했다'라는 주장 역시 실상은 그 목적이 재산적 가치의 형성이 아니었기 때문에 관점에 따라 경전의 본질적 가르침과 다르게 해석할 우려가 있다.

율장에는 출가자가 혼자 수행하면서 거주하는 공간은 꾸띠(Kuti)와 같이 나뭇잎 등을 활용하여 일시적으로 머무는 공간이고, 수행을 마치면 깨끗하게 정리하도록 했다.[45] 하지만 출가자들과 달리 재가불자들에게는 정당한 방법을 통해 재산을 형성하고 경영 활동으로 부를 축적하는 것에 제한을 두지 않았다.

『중아함경』에는 "처음에는 먼저 기술을 배워라, 그다음으로는 재물을 구하고, 재물을 구한 뒤에는 그것을 나누어 4분(四分)으로 만들라. 농사꾼이나 장사꾼에게 주어 나머지 1분에는 이자를 나게 하고…"라고 설한 대목이 있다. 이에 대해 윤성식은 '돈을 절약해 다른 사람에게 빌려주고 이자를 받으라는 주장은 알고 보면 금융업을 장려하는 것이나 다름없다.'라고 해석했다. 그리고 '초기불교 시절 사찰은 부동산의 대부, 대출 등의 금융 활동을 해 왔다.'라고 주장하는데 이는 사실과 매우 거리가 먼 것으로 볼 수 있다. 왜냐면 불교 경전의 어디에도 사원에서 금융 활동을 했다는 기록이 없기 때문이다.

다만 고려 시대의 한국 불교에서 보(寶)를 설치하고 이를 사원의 기본 재원으로 활용하기 위해 이자 사업을 했던 기록은 발견할 수 있다. 이러한 활동은 중국에서 형성된 무진장(無盡藏), 장생고(長生庫) 같은 활동에 영향을 받은 것으로 보인다.

붓다 경영에 관한 연구에서 좀 더 심도 있고 균형적인 사고를 위해 살펴본 윤성식의 주장은 시장 자본주의 문제점을 해결하기 위해 '친시장 · 친자본의 관점에서 시장 자본주의를 수용하되 이를 보완할 수 있는 불교 자본주의'가 필요하며, 이는 연기적 세계관에 기초한다고 했다. 이러한 불교 자본주의는 시장 자본주의가 처한 문제점에 대한 처방 및 대안으로 연기(緣起) 자본주의를 제시한다. 연기 자본주의는 시장 자본주의를 전면적으로 부정하는 것이 아니라 시장과 자본은 허용하되 문제점을 해결하기 위해 새로운 가정, 관점, 철학에 기초하는 자본주의다.[46]

> 다시 말해 기존 자본주의는 기업의 손실만 사회가 공유하고 이익은 기업인이 독점하지만, 연기 자본주의에서는 공정한 몫 이상을 기업가가 차지하지 않으며, 지나친 빈부 격차를 불공정한 배분의 결과라고 생각한다. 기업의 정당한 몫을 초과하는 이익은 사회적으로 공유되어야 한다. 따라

공생적 ESG 경영의 선구자들

서 공정하고 자비로운 시장이어야 한다.[47]

기존의 시장 자본주의는 법이 중요한 역할을 하는 자본주
의이다. 연기 자본주의는 불교 경제 윤리가 더 중요한 역할
을 하고 법은 최소의 역할을 하는 자본주의이다. 시장 자
본주의가 주장하는 보이지 않는 손은 환상에 불과하며 시
장주의자들이 만들어 낸 신기루이다. 연기 자본주의의 불
교 경제 윤리야말로 시장에서의 보이는 손인 것이다.[48]

윤성식은 불교 자본주의로서의 연기 자본주의는 21세기의 인드
라망 자본주의로 볼 수 있으며, 전 세계에서 널리 시행되고 있는
시장 자본주의의 문제점을 해결할 수 있는 좋은 대안으로 보았다.
이는 현재 세계적으로 확산하고 국가 간 교류에도 적용되는 ESG
경영과 흡사하다. 즉 연기 자본주의가 기업의 이익만 추구했던 기
존 시장 자본주의를 넘어 공생적 ESG 경영으로 변환을 모색하는
방안이 될 수 있다.

지금까지 기업은 이윤 창출이라는 목적을 실현하는 과정에서
다양한 사회 문제를 유발했다. 이러한 사회 문제를 해결하는 하나
의 방편으로 사찰이 가까운 길은 걸어서 이동하여 매연가스를 줄
이며, 개인 컵 사용으로 일회용기 폐해의 경각심을 알리는 등 자연
환경을 지키는 활동을 펼칠 수 있다. 또 사찰이나 불교 기관이 공
생적 ESG 경영 실행 체감 온도계를 게시하여 방문객의 자발적인

참여를 유도할 수 있다. 사찰과 기관의 이 같은 실천은 현실적으로 느끼는 재정적 가치는 미약할지라도 공생적 ESG 경영을 확고하게 한다는 의의가 있다.

한편, 기업들은 기후위기 대응이 더는 선택이 아니라 필수라는 점을 인식하고 여론의 흐름에 발 빠르게 대처하며 경영 전략을 구사한다. 이처럼 민첩한 대응에도 불구하고 기업의 실질적 경영 전략이 변화하는 데는 오랜 시간이 요구된다. 이를 교훈 삼아 불교계에서도 사회 변화에 대응하는 전담팀 구성이 필요해 보인다. 불교적 입장에서 적극적으로 기업의 홍보 및 마케팅 전략을 벤치마킹하여 지속가능한 공생적 ESG 경영으로 탈바꿈함으로써 미래를 대비해야 할 시점이다.

오노 신조
: 사원 경영
원리 제시

•

오노 신조(大野信三, 1900-1997)는 사
원 경제의 원리를 정의의 원리, 자비의 원리, 협력의 원리, 보은의
원리, 절약의 원리의 다섯 가지로 제시했다.[49] 사원 경제는 사찰을
경영하는 과정에서 실천되는 재정 운영 방법을 말한다. 사찰은 대
부분 신도가 기진한 재화에 의해 운영되며 이러한 재화를 삼보정
재(三寶淨財)라고 지칭한다.

첫째, 정의의 원리란 정의로운 분배, 균등한 분배를 통해 사원
내 화합과 사회 정의에 반하지 않는 재정 운영을 강조한 것이다. 이
는 평등주의, 인격주의, 상호주의에 바탕을 두고 정의를 확보하는
방법으로 실천되어야 하는 원리이다.

둘째, 자비의 원리는 사원 내부의 수행자, 사원 밖의 재가자, 일
체중생을 위한 사원 경제를 강조하는 개념이다. 사원 경제는 사회
의 복지를 증진하는 긍정적 결과가 나오도록 운영되어야 한다는
것이 자비의 원리의 핵심이라 할 수 있다. 자비의 원리에 따라서 무
진장물(無盡藏物)의 실천 방법이 제시되었다고 볼 수 있다.

셋째, 협력의 원리는 사원 중심의 경제 활동에 국한되는 것이 아니라 종단의 전체 사찰과 협력하고, 일반 사회구성원들과도 상호 협력 속에 운영되어야 한다는 것이다. 예를 들면 주차장 이용료를 징수하는 사찰 중에 주민들과 갈등을 겪는 사례가 발생하곤 하는데, 이때 사찰 입장만을 내세울 것이 아니라 지역 주민의 이해를 구하고 상호 협력하는 방안이 필요하다.

넷째, 보은의 원리는 사원 경제가 삼보(三寶)의 은혜를 포함하여 사은(四恩)에 보답하는 방향으로 실천되어야 한다는 의미이다. 『심지관경(心地觀經)』에서는 사은을 부모의 은혜, 중생의 은혜, 국왕의 은혜, 삼보의 은혜로 설하고 있다. 국왕의 은혜는 중세 인도의 국토관을 반영한 것으로, 현대 사회에서는 적합하지 않다. 따라서 국왕의 은혜를 현대 사회에서는 국가의 은혜로 바꾸어 이해하는 것도 필요하다고 본다.

> "세간과 출세간의 은혜에는 네 가지가 있으니, 첫째는 부모의 은혜요, 둘째는 중생의 은혜요, 셋째는 나라의 왕의 은혜요, 넷째는 삼보의 은혜다. 이러한 네 가지 은혜는 일체의 중생들이 평등하게 짊어진 것이다."[50]

사찰의 재정은 삼보의 은혜에 보답하는 정재로 청정하게 사용되어야 하며, 동시에 중생 구제를 위한 재원 충당과 그 목적에 부합하게 집행되어야 한다. 사원 경제는 신도들이 기진한 재화라 할 지라도 불물(佛物)로 삼륜이 청정한 재화이며, 신도들이 재화를 기진한 목적대로 사용하는 것이 바람직하다.

다섯째, 절약의 원리는 인간의 헛된 욕망을 충족하기 위한 낭비가 아니라 지혜로운 삶을 영위하기 위한 수단이며, 동시에 낭비적 요소를 철저하게 줄여야 한다는 것을 의미한다. 사찰에서 시행하는 발우공양은 철저한 절약과 현명한 절용(節用)을 생활 속에서 실천하는 중요한 사례라 할 수 있다.

불교 경영의
현대적 실천
모색

●

지금까지 살펴본 바에 따르면 불
교계의 현실적 경영 비전은 미약하다고 볼 수 있다. 그 이유는 산
속에 은거한 전통 불교가 수행과 집단 생활을 중심으로 이뤄져 사
회 변화와는 큰 교감이나 접점이 없었기 때문이다. 하지만 현대 사
회는 매 순간 급변하고 각 집단은 막대한 재원과 인력을 투자해 생
존을 꾀하고 있다. 그동안 사회 집단에서 선행된 표본을 불교 경영
에 도입한다면 불교가 처한 어려움을 극복하는 데 도움이 될 것이
다.

공생적 ESG 경영은 현대 사회에 맞는 생활 방식과 포교 방식을
도입해 기존의 운영 방식에 변혁을 이루자는 것이다. 다소 극단적
으로 비유하자면 현대 사회에서 사찰은 서비스를 제공하는 곳이라
할 수 있다. 이러한 현실 인식 속에서 예전에 정의된 종교의 본질
만을 고집하고 사회 변화를 관망하는 방식은 지양되어야 한다. 강
조하자면 사회의 호의가 없는 사찰은 지속 성장을 하기 어렵다. 심
지어 현대 사회에서는 우량 기업이라고 하더라도 고객의 요구를 무

시한다면 결코 살아남을 수 없다.

세계적인 화두로 떠오른 ESG 경영은 단순한 기업의 의무가 아니라 생존이 걸린 문제이다. 이제는 자기 집단에만 집중하던 시대를 지나 이웃과 환경으로 관심을 넓히고, 효과적으로 문제를 해결할 방안을 찾아야만 하는 시대가 도래한 것이다.

이와 같은 상황에 대해 이웃 종교계도 심도 있게 연구하고 있으며 대응 방안도 모색하기 시작했다. 불교계도 예외가 아니다. 사찰 주지라면 방문객의 나이, 사회적 특성과 위치, 직업, 전문성 여부, 생활권 등에 대한 인식을 높여야 한다. 그것이 불교 조직을 이끄는 리더로서의 덕목이다. 이러한 불교 경영 방안은 사찰과 사회를 서로 구별하지 않고 이웃과 환경, 전통문화를 확장하고 연결하는 개념을 포함하고 있다. 현대인들의 건강에 대한 관심을 고려해 소규모 스포츠 시설과 각급 대회를 운영하는 것도 한 방안이다. 이를 통해 사람들은 심신의 안정과 평화를 얻을 수 있으며 불교와 친숙한 감정을 형성할 수 있다. 사찰의 전통성에 더해 현대인을 위한 문화 접근성을 고려한 포교를 진행한다면, 승속의 분리된 경계를 넘어 연결 사회가 형성될 것이다. 현대 사회에서 각광 받는 공생적 ESG 경영의 사례를 모색해야 할 때다.

공생적 ESG 경영과
불교 철학

대립과 불신이 만연한 현대 사회에서
공생적 ESG 경영은
4차 산업혁명 시대의 기술 혁신, 고용,
성장 문제에 대한 해답이 될 수 있다.

환경
Environment
: 공생적 연기법

●

　　　　　현대적 의미의 환경은 불교적 개
념으로 말한다면 현상계(現象界)라고 표현할 수 있다. 『성유식론(成唯
識論)』에서는 현상계를 명(名)과 언(言)으로 설해진 세계, 체(體)와 사
(事)로 형성된 세계로 설명하고 있다. 이것은 현상을 이해하는 사람
과 이해하는 대상 사이의 관계에서 형성됨을 의미한다.

> "심왕(心王)과 심소(心所)의 상(相)이 차이 난 과보(果報)는 오
> 취(五趣)에 포함된다. 자기 업의 훈습(熏習)에서 성립되었으
> 므로, 마치 무색계(無色界)에서 훈습하는 과보가 심왕과 심
> 소를 떠나서는 별도로 불상응행(不相應行)이 없는 것과 같
> 다. 이 가운데서는 오직 명(名)과 언(言)의 차별을 설했을 뿐
> 이지만, 체(體)와 사(事)가 달라지지 않는다. 때문에 비밀한
> 뜻이다."[51]

여기서 심왕은 생각의 주체를 말하고, 심소는 생각의 대상을 말

한다. 오취는 중생이 선악의 업보에 따라 이르게 되는 다섯 곳으로 천상, 인간, 지옥, 축생, 아귀를 말한다. 이러한 오취는 중생들 마음이 만들어 내는 세계로 천상락을 누리는 환경, 인간이 생존하고 생활할 수 있는 환경, 극악의 고통을 받는 지옥과 같은 환경, 본능에 따라 이전투구가 이루어지는 축생과 같은 환경, 욕구 불만이 팽배한 환경 등으로 해석할 수 있다.

공생적 ESG 경영은 사회구성원들이 행복하고 인간다운 삶을 영위할 수 있는 환경을 만드는 것으로 규정할 수 있다. 환경 분야에서 공생적 ESG 경영은 청정한 자연을 만들기 위한 조직적 노력으로 볼 수 있다. 『대방광불화엄경(大方廣佛華嚴經)』에서는 청정한 자연을 다음과 같이 설하고 있다.

"이 세계 남쪽에 또 국토가 있으니 그 이름은 최용(最勇)입니다. 거기서는 여래를 자연청정(自然淸淨)이라 부르기도 하고 혹은 의지도(意至到)라 부르기도 하며 혹은 능인(能仁), 혹은 해탈왕(解脫王), 혹은 지혜왕(智慧王), 혹은 명행족(明行足), 혹은 선서(善逝), 혹은 능적멸(能寂滅), 혹은 대자(大慈), 혹은 대비(大悲)라 하나니 이런 부처님 명호가 백억만이나 됩니다."[52]

여기서는 이상적인 자연환경을 갖춘 세계를 남쪽에 있는 국토로 설정하고, 이러한 환경을 여래의 불국토로 정의하고 있다. 그리고 이러한 불국토의 자연환경을 만드는 많은 붓다가 활동하고 있음을 설법하고 있다. 이러한 청정한 자연을 만드는 붓다가 바로 현재를 살아가는 인간들이라는 사실을 알 수 있다.

환경 분야에서 ESG 경영의 목적은 기후환경 변화에 대응하고 청정한 생산, 친환경 제품 개발 및 사용 등에 초점을 두고 있다. 특히 조직의 사업 운영 과정에서 발생하는 환경 영향을 최소화하면서 환경적으로 건전하고 경제적으로 지속가능한 발전을 도모하고자 하는 경영 활동을 목표로 하고 있다.[53]

이러한 환경 분야에 대한 불교적 관점은 연기론적 존재론, 공(空) 사상 등의 실천과 연관 지어 생각해 볼 수 있다. 이 함의를 지닌 물질계, 현상계 등에 대한 붓다의 가르침은 다음과 같다.

> "어떠한 물질이라도 그 물질이 항상하고 견고하고 영원하고 불변하는 것으로 언제까지라도 그와 같이 존재할 수 있는 것은 없다."[54]

여기서 '항상하고 견고하고 영원하고 불변하는 것으로 존재하는 물질은 없다.'는 가르침은 끊임없이 변하여 공(空)한 특성을 가지고 있다는 것을 의미한다. 공이라는 개념은 매우 다의적으로 해석할 수 있으나 '끊임없이 변화하기 때문에 집착할 바가 없다.'고 풀이할 수 있다. 즉, 공이라는 개념 속에는 '변화와 집착할 바 없음'이라는 두 가지 의미가 함축된 것으로 볼 수 있다.

연기법은 공과 중도의 세간적 현상이기 때문에 인간의 삶이 이상적으로 나아가는 데 필요한 지혜의 가르침이라고 말할 수 있다. 현상을 개념으로 정의하는 것은 인간의 삶을 윤택하게 하기 위한 지식과 정보의 전달 방식이다. 그런데 개념화한 것은 인간의 언어적 표현으로 지어낸 것일 뿐 실제 영원히 변하지 않는 실체가 있다고 생각할 수 없는 것들이다. 때문에 '진실한 모습이 공'이라고 한 것은 끊임없이 변하기 때문에 집착 대상이 없다는 의미에서 그렇게 개념적으로 규정한 것이다.

변화는 환경적 측면에서 볼 수 있는 자연 현상이고, 집착할 바 없음은 자연 현상을 바라보는 사람의 관점에서의 수용적 태도로 해석할 수 있다. 자연 현상은 여러 가지 조건의 변화에 따라서 끊임없이 변화하고 바뀐다. 자연 속에서 살아가는 모든 존재는 환경의 변화에 적응하면서 생존하는 법을 배우게 된다. 적응하지 못하고 생존하지 못하면 결국 없어지는 것이 자연 속에서 생명을 갖춘 모든 존재의 특성이다.

이러한 존재 중에 지식을 축적하고 지혜를 발전시킬 줄 아는 인간이 등장하면서 인위적으로 자연환경을 훼손하고 왜곡된 사회적 환경을 만들어가고 있다. 자연을 조작하고 파괴해 인간이 살 수 없는 환경으로 만드는 것이다.

이러한 문제 때문에 화석 연료의 사용을 억제하고 재생 에너지의 사용을 확대하는 환경적 공생의 실천이 지속적으로 요구된다. 이와 같은 환경적 ESG 경영에 필요한 불교의 핵심 사상은 공생적 연기법이라 할 수 있다. 이를 토대로 사회나 이익 집단은 인류의 생존을 위해 공생주의 실천을 논의하고 감시하는 대응적 전환이 필요하다.

불교학자 김윤수는 연기법을 '분별된 모든 법들은 연기한 것이기 때문에 그 진실한 모습은 공이고, 세간을 따르기 위한 법'으로 설명하고 있다.

> "오온을 말하고, 십이처를 말하며, 십팔계를 말하고, 십이
> 연기를 말하며, 사성제를 말하고, 지혜의 증득을 말하는
> 것은 모두 세간을 따르기 위함이다. 그렇게 분별된 모든 법
> 들은 연기한 것이기 때문에 그 진실한 모습은 공(空)이고,
> 따라서 진실한 세계 중에는 그와 같이 개념 지어진 대로의
> 자성을 가진 법 내지 그러한 실체를 가진 법이란 없다."[55]

연기법에 대한 『쌍윳따니까야』「연기의 경」[56]의 가르침은 무명이 모든 번뇌의 원인이며, 이러한 무명의 작용으로 인해 형성 작용인 행(行)이 생겨나면서 변화가 시작된다는 점을 강조하고 있다. 반대로 무명이 소멸하면 형성 작용인 행이 소멸하는 것을 통해서 원인이 소멸하면 결과도 변한다는 점을 설하고 있다. 연기는 조건이 되는 원인이 또 다른 변화를 잉태하고 동시에 그것은 또 다른 변화의 원인으로 작용한다는 의미이다. 이는 어떤 현상이든 독립적으로 영원히 존재하는 것이 아니라 조건의 생성과 소멸에 의해 일어

남과 사라짐이 반복된다는 점을 강조한 것이다. 그리고 연기적 상황에서 벗어나기 위해서는 무명 즉, 잘못된 집착이나 견해 때문에 진리를 깨우치지 못하는 마음의 상태를 밝은 지혜인 명지(明智)로 전환해야 한다는 것을 설하고 있다.

환경에 대한 이해도 탐진치(貪瞋痴) 삼독심에서 벗어나지 못한 무명의 상태에서의 이해와 잘못된 집착이나 견해를 벗어 버린 명지 상태에서의 이해는 크게 다르다. 따라서 환경에 대한 밝은 지혜를 성취하면 환경 오염의 실체를 알게 된다. 그리하면 오염원의 배출과 그 원인을 줄이고 소멸시켜야 환경이 오래 보존될 수 있다는 것을 낱낱이 알게 된다.

지구의 자원도 그 양이 한정되어 있어서 제한적으로 사용할 수밖에 없다. 그러므로 현재 우리가 자원의 낭비를 줄인다면 후손들은 그만큼 더 자원을 활용할 수 있다. 인류가 화석 에너지를 무분별하게 사용한다면 오염 물질 배출이 가중되어 환경이 오염될 수밖에 없다. 이로 인해 지구온난화가 가속화하면 생태계의 변화로 인해 존재하는 생명체의 변화까지 유발한다는 것은 연기법으로 알 수 있다.

결국 연기법의 이치를 깨우친 지혜로운 사람들은 환경 오염을 가능한 범위 내에서 줄이고, 오염 물질 배출을 저감하며, 지속가능한 환경의 유지를 위해 최선을 다하게 된다. 이러한 가르침들이 환경 분야의 공생적 ESG 경영에 대한 불교의 사상적 토대라고 할 수 있다.

사회
Social
: 바라밀 사상

●

『숫타니파타』에서는 "엄청나게 많은 재물과 황금과 먹을 것이 있는데도, 혼자서 맛있는 것을 즐긴다면 그것이야말로 파멸의 문이다."라는 가르침을 설하고 있다.[57] 이것은 자신이 축적한 재물이라도 독식하기보다는 타인을 위해 사용해야 한다는 사회적 의무를 강조한 것으로 볼 수 있다. 타인에게 베푸는 보시의 공덕은 불교 경영의 공생 원리를 강조하는 중요한 가르침이라 할 수 있다.

대승경전의 『승만경(勝鬘經)』은 승만 부인이 법회의 주인공이 되어 법을 설하는 내용이다. 승만 부인의 10대 서원 중 네 번째부터 일곱 번째까지의 서원은 공생적 ESG 경영의 사회적 실천과 밀접하게 관련되어 있다.

"세존이시여, 저는 오늘부터 보리(菩提)를 이룰 때까지 다른 이의 잘생긴 신수[身色]나 아름다운 기구(器具)에 대하여 시기하는 마음을 일으키지 않겠습니다. 세존이시여, 저는 오늘부터 보리를 이룰 때까지 내외법(內外法)에 대하여 아끼는 마음을 내지 않겠습니다. 세존이시여, 저는 오늘부터 보리를 이룰 때까지 제 몸을 위하여서는 재물을 저축하지 않겠고, 무릇 받은 것이 있으면 모두 가난하고 곤궁한 중생들을 구제하겠습니다."[58]

승만 부인은 타인에 대한 시기와 질투, 인색한 마음 등을 일으키지 않겠다고 서원했다. 또 완전한 깨달음에 도달할 때까지는 자신을 위해서 재물을 축적하지 않고, 가난하고 곤궁한 중생들을 구제하겠다고 서원했다.

"세존이시여, 저는 오늘부터 보리를 이룰 때까지 제 몸을 위하여서는 사섭법(四攝法)을 행하지 않겠고, 온갖 중생들을 위해서 애착하지 않는 마음과 만족함이 없는 마음과 거리낌이 없는 마음으로 중생을 섭수하겠습니다. 세존이시여, 저는 오늘부터 보리를 이룰 때까지 만일 고독하여 의지할 데 없거나, 구금을 당했거나, 병이 나거나, 가지가지 액난과 곤란을 만난 중생들을 보게 되면 잠깐도 그냥 버리지 않겠고, 반드시 그를 편안케 하기 위하여 의리로 도와주고 그 고충에서 벗어나게 한 뒤에야 떠나겠습니다."[59]

승만 부인이 특별히 안온하게 하고 고통에서 벗어나게 하겠다고 서원한 대상을 현대에 비추어 보면 부모를 여의거나 집이 없는 아이, 감옥에 간힌 사람, 병든 사람, 고령의 독거노인 등 갖가지 고난으로 괴로움에 처한 중생들이다. 여기서 나아가 승만 부인은 동물을 잡아 기르는 것이나 올바르지 못한 생활 방편, 계를 깨뜨리는 사람들에 대해서도 외면하지 않을 것이며 항복하는 사람은 받아 주고, 용서해 줄 사람은 용서해 주는 섭수와 절복의 가르침을 실천하겠다고 서원했다. 이러한 서원은 인류의 미래를 위해 사회적 공생을 실천하고자 하는 공생적 ESG 경영의 원리와 맞닿아 있다.

불교에서 공생적 ESG 경영의 사회적 실천과 관련된 가장 중요한 사상은 바라밀 사상이다. 바라밀은 자리이타의 보살행을 실천하는 원리로 구성되어 있다. 자리행과 이타행은 모두 '실천'이라는 점에서 동일하나, 공덕이 자신에게 귀속되면 자리행이고 공덕조차도 다른 사람을 위해 회향한다면 이타행이 된다.『화엄경』「세주묘엄품」에서는 붓다의 십바라밀을 모두 중생을 교화하기 위한 바라밀행으로 설명하고 있다.

"보시바라밀은 중생들에게 환희심을 내게 하고, 지계바라밀은 엄중한 괴로움을 멸하게 하고, 인욕바라밀은 시방세계에 광명을 놓아 비추게 하고, 정진바라밀은 중생의 심중 장애를 바꾸어 보리수 아래서 나투게 하고, 선정바라밀은 보는 자로 하여금 환희심으로 번뇌장의 모든 때를 제멸(除滅)케 한다. 반야바라밀은 광명을 널리 펴서 일체의 우치(愚)

恥)와 어둠을 소멸케 하고, 방편바라밀은 일체의 시방세계에 두루 가서 쉼 없이 제도하고, 서원바라밀은 세간에 두루 하여 미래세가 다하도록 중생을 제도하고, 력바라밀은 자연의 힘 널리 이루어 시방세계 모든 국토에 널리 나투시고, 지혜바라밀은 허공과 같은 걸림 없는 힘으로 시방세계 모든 국토를 널리 비추신다."[60]

사회 분야에서 ESG 경영은 경제의 3주체인 정부와 기업, 가계가 함께 공동의 번영을 추구하는 것을 일컫는다. 기업은 기업 발전을 위해 사용자와 노동자가 함께 노력하고, 사회적 약자에 대해서는 평등한 사회구성원으로서 본인의 역량을 최대한 발휘할 수 있는 지배 구조 환경을 만들어야 한다. 이를 위해서 사회적 책임 경영, 다양한 임직원의 참여, 구성원 역량 강화, 인권 보호, 동반 성장, 지역사회 공헌, 개인 정보 보호, 각종 사회 법규 준수 등이 요구된다.

앞에서 언급한 바라밀행 중에서 보시바라밀행은 사회적 책임 경영, 지역사회 공헌 등의 실천 원리로 활용할 수 있다. 보시바라밀행 중 재시(財施)는 지역사회 공헌 활동으로 실천될 수 있고, 법시(法施)는 지혜를 공유하는 사회적 책임 경영으로, 무외시(無畏施)는 상담과 치유 활동으로 활용될 수 있다. 지계바라밀행은 사회 법규 준수의 실천에 적합한 원리이다. 섭율의계는 법규 및 사회적 규범과 윤리적 경영의 토대가 되며, 섭선법계는 선근공덕을 짓는 것으로 지역 주민이 공덕을 지을 수 있도록 이끌어 주는 이론적 바탕이 될 수 있다. 섭중생계는 동업중생으로 공존 공생할 수 있도록 실천하는 원리로 활용될 수 있다.

인욕바라밀은 임직원의 역할과 역량 개발 등에 적용 가능하다. 인욕바라밀 중 내원해인(耐怨害忍)은 임직원의 교육과 인성 계발에 도움을 줄 수 있고, 안수고인(安受苦忍)은 임직원의 역량 강화 및 역할 수행에 필요한 가르침이 될 수 있다. 인권 강화에 필요한 원리를 체득하는 교육에는 제찰법인(諦察法認)이 활용될 수 있다. 임직원이 자신에게 주어진 역할과 사회적 책임을 다하려 노력하기 위해서는 정진바라밀이 필요하고, 임직원의 내적 안정과 정신적 성장에 기여할 명상 프로그램에는 선정바라밀을 활용할 수 있다. 지혜바라밀은 사회적 책임을 이행하고 기업의 미래 발전을 도모하는 데 필요한 실천 원리이다.

지혜바라밀의 실천은 사성제의 가르침을 이해하는 것으로부터 출발한다. 고성제는 '이것이 괴로움이다.'라고 현실을 있는 그대로 관찰하는 지혜이다. 기업의 운영 환경, 현실적 실태, 임직원의 활동 등을 있는 그대로 관찰하면서 애로 사항을 들어주고 확인하는 데 필수적인 지혜이다. 집성제는 '이것이 괴로움의 원인이다.'라고 현상의 원인을 파악하는 지혜이다. 기업이 직면한 문제점을 파악하고 임직원들에게 당면한 괴로움의 원인을 분석하는 지혜로 활용될 수 있다. 멸성제는 '이것이 괴로움의 소멸이다.'라는 지혜이다. 현상의 원인과 결과를 인식하고 새로운 변화를 추진하는 지혜로 활용될 수 있다. 도성제는 '이것이 괴로움의 소멸에 이르는 올바른 길이다.'라는 실천적 지혜이다. 이는 기업인이 자신의 위상을 높이기 위해 바람직한 기업 경영의 원리를 체득하고 사회적 책임 경영을 실천하는 방안을 모색할 수 있는 가르침이다.

불교의 바라밀행과 ESG 경영의 연관성에 대해서 "보시란 함께 나누는 것, 지계는 도덕성을 추구하는 것, 인욕은 서로를 계속해서 존중해 주는 것, 정진은 근면 성실하게 노동하는 것, 선정은 맡은 일에 집중을 유지하는 것, 지혜는 그 모든 것을 적절하게 잘 실천하는 것이다. 이것은 사회 공헌과 윤리 경영을 이루는 데 꼭 필요한 덕목이다. 기업은 본래 이익을 목적으로 설립 운영되는 것이지만 지금은 이익뿐만 아니라 책임과 의무가 함께 요구되고 있다."[61]는 견해를 밝힌 글이 있다. 이는 공생적 ESG 경영이 4차 산업혁명 시대 기술 혁신의 환경, 고용, 성장 문제에 해답이 될 수 있음을 뜻한다.

지배 구조
Governance
: 동체대비심

●

　　　　　기업의 지배 구조는 이사회, 주주, 개별 소유자 등 다양한 층위로 구성되어 있다. 이러한 지배 구조를 민주적이고 합리적으로 운영할 수 있도록 감사, 윤리 경영, 반부패 및 준법 정신 함양 등의 필요성이 강조되고 있다.

　지배 구조와 관련한 불교 사상은 붓다의 가르침인 동체대비심(同體大悲心)의 원리에서 찾을 수 있다. 동체대비심은 붓다와 중생이 하나라는 생불불이(生佛不二) 사상으로 무한한 자비심이 발현된 것이다. 붓다와 중생이 둘이 아니듯 회사를 운영하는 이사회와 주주, 임원과 직원이 둘이 아니라는 생각으로 회사를 경영한다면 기존의 수직적인 구조를 벗어나 수평적 구조로 거듭나며 상생하는 이상적인 기업이 될 수 있다. 만일 기업에서 소유주나 운영자가 직원이나 노동자를 착취하고 학대해 이익을 극대화하려고 한다면 반발이 일어나고 결국 그 기업은 오래 버티지 못하고 소멸하고 말 것이다. 기업주가 노동자를 대하는 도리에 대해서 『장아함경』의 『선생경』에서는 다음과 같은 다섯 가지 원리를 제시하고 있다.

"선생아, 주인은 다섯 가지 일로써 하인을 가르쳐야 한다. 어떤 것이 다섯 가지인가? 첫 번째는 그 능력에 알맞게 부리는 것이며, 두 번째는 제때 음식을 주는 것이며, 세 번째는 제때 보수를 주는 것이며, 네 번째는 병이 들면 약을 주는 것이며, 다섯 번째는 휴가를 허락하는 것이다. 선생아, 이것이 다섯 가지 일로써 하인을 부리는 것이다."[62]

이 가르침이 시사하는 바는 기업주 또는 고용인은 노동자 혹은 피고용인을 능력에 따라 채용하고 노동환경과 보수, 치료 및 휴가 등 근로 복지를 증진해야 한다는 것이다. 즉 2,600년 전 당시에도 상공업 운영의 합리성과 인권의 보호 등의 덕목을 강조했음을 알 수 있다.

『법화경(法華經)』「화성유품」에서는 '도사오력(導師五力)'에 대해 설하고 있다.[63] 도사오력의 가르침은 총명한 지혜, 험난한 괴로움을 이겨낼 수 있는 능력, 소통하는 모습, 대중을 이끌 수 있는 능력, 어려움을 극복할 수 있는 용기로 요약할 수 있다. 이 경전에 나오는 도사는 중생을 지도하고 이끌어 주는 보살을 의미하지만, 현대에 적용해 본다면 기업을 이끌어 가는 지도자로 생각할 수 있다. 즉, 도사오력은 단순히 경전에 나오는 도사만이 아니라 기업의 지배구조를 형성하고 경영하는 기업인에게 요구되는 자질과 능력으로도 이해할 수 있는 것이다.

오늘날 한국 불교계는 교단 운영에 재가자가 배제되는 폐쇄성을 극복하고 대중적인 참여를 확대해야 한다는 요구에 직면하고 있다. 이러한 교단 운영의 폐쇄성은 출 · 재가 모두에게 책임이 있다는 비판이 제기되기도 했다.

> "출가자는 재가자가 불교 교단에 관심을 갖지 않으면 독단적으로 일을 처리할 수 있기 때문에 재가자의 참여를 배제하고는 했다. 또 재가자는 불교 교단에 대한 공동체 의식 없이 사찰을 기복의 장소로만 생각하고 사찰 운영에는 스스로 참여하지 않아 왔다."[64]

그러나 조계종단 소속 사찰의 경우 사찰운영위원회를 구성해 재가불자의 참여를 제도적으로 보장하고 있다. 종단과 사찰의 발전을 위해서는 재가불자들이 주인의식을 가지고 사찰 운영에 적극적으로 참여하는 것이 바람직하다. 이러한 열린 기업 문화의 중요성을 알려주는 『중아함경』의 구절이 있다.

> "아난아, 밧지족은 자주 모임을 갖고 그 모임에는 많은 사람들이 모인다는데 너는 그런 말을 들은 적이 있느냐? 예! 세존이시여 저는 틀림없이 밧지족이 자주 모임을 열고 그 모임에는 많은 사람들이 참석한다고 들었습니다. 아난아! 밧지족에게는 번영이 기대될 뿐 쇠망은 없을 것이니라."[65]

이 구절은 '만약 어떤 집단이 자주 모임을 개최하고 모임에 많은 구성원이 참석해 집단의 문제를 상의하고 나아갈 방향을 정한다면 그 집단은 발전할 수밖에 없다.'는 의미를 담고 있다. 그리고 "내부의 커뮤니케이션이 원만하게 자주 이루어지는 집단의 문화가 강점이 될 수 있다."라고 해석할 수 있다.[66]

또 『법화경』「상불경보살품」의 사례를 들어 '사람의 무한한 가능성을 신뢰하라.'는 경영 이론을 제시한다. 상불경보살은 사람을 대할 때마다 "당신은 부처님이 될 것입니다."[67]라고 말했는데 사람들이 조소하고 질타하고 심지어는 몽둥이로 때리고 돌을 던져도 모든 것을 감내하며 이 말을 멈추지 않고 한결같이 예배했다. 이 구절에 대해 '상불경보살의 이야기는 모든 기업인에게 사람이 기업의 가장 중요한 자산이라는 것을 새삼 일깨워 준다.'라고 해석했다. 다시 말해 사람을 존중하고 무한한 잠재력을 인정하고 그것을 꾸준히 개발하고 활용하는 것이 기업 성공의 비결이라는 점을 강조하는 것이다.

앞서 언급한 공생적 ESG 경영은 사회의 이익과 향상, 행복을 위한 종합적인 노력으로 수용되어야 한다. 이를 위해 첫째, 사회가 공감하는 공생적 ESG 경영을 명문화하고 그 기준을 실천적 측면에서 연계성과 정합성을 가지도록 한다. 둘째, 공생적 ESG 경영 사상과 추진 전략의 방향성을 설정한다. 셋째, 이노베이션 시스템 연계에 의한 지속적 성장의 변화를 추구한다.

이를 실천하기 위해 사찰과 구성원들은 공생적 ESG 경영 사상을 통한 지속적 성장을 도모해야 한다. 그러나 그간 사찰에서 오픈 이노베이션의 중요성을 강조하면서도 실제 경영에는 잘 적용되지 않았고 구성원과의 연계성을 갖기도 어려웠다. 이제 현대 사회에서 지속가능한 공유 가치, 경영 이념, CSR(기업의 사회적 책임), 일과 삶의 균형 등이 점점 더 강조되고 있는 현실을 조계종단은 직시해야 한다. 공생적 ESG 경영은 사회와 환경의 공멸 위기를 극복하기 위한 구체적 실천이기 때문이다.

생명 중심의
사찰 운영
지향

•

환경 분야의 공생적 ESG 경영에
서 중요한 항목은 환경 경영 목표 수립, 환경 경영 추진 체계 구축
정도, 원부자재 사용량의 증감 추세, 재생 원부자재 비율, 5개년 단
위의 온실가스 배출량 변동 추이 및 전년 대비 배출량의 현재 수
준, 5개년 단위의 에너지 사용량 변동 추이, 신에너지 및 재생 에너
지 사용 추이, 용수 사용량 및 재사용 용수 비율의 변동 추이, 폐기
물 배출량 및 재활용 비율의 변동 추이, 대기 및 수질 오염 물질 등
의 배출량 변동 추이, 환경 법·규제 위반과 친환경 인증 제품 및
서비스 비율 등이다.

불교 경영은 종단이나 교구와 같은 전국적 규모의 운영 체계와
단위 사찰의 운영 체계를 모두 포함한다. 하지만 종단이나 교구는
앞에서 언급한 세부적인 환경 요소를 측정 평가하기 어려운 실정
이다. 하지만 단위 사찰 운영의 총합이 교구나 종단의 성과로 집계
될 수 있기에, 공생적 ESG 경영은 주로 단위 사찰의 운영에서 적
용될 수 있는 항목을 찾아 점차 확대해 나갈 필요가 있다.

단위 사찰 운영 과정에서는 공생적 ESG 환경 경영 목표 수립 여부, 사찰에서의 에너지 사용량 변동 추이, 신에너지 및 재생 에너지 사용 추이, 용수 사용 및 재사용 변동 추이, 폐기물 배출량 및 재활용 추이, 대기 및 수질 오염 물질 등의 배출량 변동 추이, 환경법·규제 위반과 친환경 인증 제품 및 서비스 비율 추이 등을 계량화하여 측정 및 평가할 수 있을 것으로 판단된다. 단위 사찰의 사례는 산중에 있는 전통 사찰, 중·소도시에 위치한 사찰, 도심에 위치한 사찰 등으로 구분하여 분석할 수 있다.

또 사격을 갖춘 본사급 사찰, 본사에 소속되어 있는 우량 사찰, 일반 사찰 등으로 구분하여 분석할 수도 있다. 산중에 있는 사찰들은 전통적으로 자신들이 소유하고 있는 산림 지역에서 채취한 나무 등을 활용하여 난방을 하거나 일상의 에너지를 얻는 데 사용했다. 그러나 최근 들어서는 산중 사찰이라고 해도 나무를 땔감으로 사용하는 사례는 극히 드물며, 대부분 전기, 석유, 가스 등을 에너지로 사용하고 있다. 따라서 에너지 사용량을 측정하여 평가하고 5개년 평균을 산출하거나 전년 대비 증감을 판단하기는 비교적 쉬운 편이다.

일상의 용수 사용과 재활용의 경우 산중 사찰에서는 하천의 물이나 지하수를 사용하는 사례들이 많기 때문에 일반적인 용수 사용량 측정이 어려울 수 있다. 대략적인 용수 사용량을 측정하여 비교할 수 있으나 세부적인 사용량을 평가하기에는 어려움이 있다. 반면에 도심에서 상수도를 사용하는 사찰의 경우는 생활용수 사용 및 하수 배출량 등을 측정하기에 용이하다.

신에너지와 재생 에너지 사용 영역에서는 태양열, 풍력, 지열 이용 사례를 평가할 수 있다. 다만 사찰에서 태양열을 이용하는 집진 패널을 설치한 사례는 있으나 보편적이지는 않다. 또 사찰에서 심야 전기를 이용하는 사례는 많이 있지만 개선된 전력 체계로 인해 비용 절감에는 큰 효과가 없다.

폐기물 배출 및 재활용 비율 분야에 있어서 사찰은 최소한의 소비와 검소한 생활을 미덕으로 하고 있기에 가능하면 폐기물을 만들지 않는 방향으로 운영되고 있다. 그리고 폐기물 중 재활용이 가능한 것은 사용처를 찾아서 재활용하는 것이 일반적이다. 따라서 폐기물 배출 및 재활용에 관한 평가는 사찰이 가장 앞서 있다고 볼 수 있다. 다만 사격을 갖춘 본사급 사찰이나 도심의 대규모 포교당의 경우에는 이용자가 많고 쓰레기도 많이 나오기 때문에 배출되는 양을 측정하여 저감 방안을 마련해야 할 필요가 있다.

이와 함께 조계종단은 탐방객들에게 산과 하천은 한 개인의 소유가 아니라 미래 후손에게 물려줄 자산이라는 점을 계도할 책무가 있다. 일례로 은해사 일원에 조성된 소나무숲인 금포정(禁捕町)[68]은 '숲에 사는 모든 자연은 생명이 있는 존재'라는 선언으로, 공생적 ESG 경영이 지향하는 환경 보존 사상이라 할 수 있다. 이러한 숲 가꾸기는 환경 훼손이 재앙이 되어 인간에게 역순환한다는 연기적 세계관에 입각한 실천이다.

공생적 ESG 경영과 불교 철학

사회 참여를 통한 보살행

•

공생적 ESG 경영의 사회적 분야에서 불교가 평가할 수 있는 주요 항목은 사회 분야의 핵심 이슈에 대한 중장기 목표 설정, 종무원 신규 채용과 고용 규모 및 유지, 종무원 정규직 비율, 종무원 자발적 이직률, 종무원 교육훈련비 지원, 종무원 복리후생비 변동 추이, 결사의 자유 보장과 단체 협약 체계, 여성 종무원 비율, 종무원의 성별 평균 급여액, 장애인 고용률, 안전 보건 추진 체계, 산업재해율 추이, 인권 정책 수립 정도, 인권 리스크 평가, 전략적 사회 공헌, 구성원의 봉사 참여, 사찰 내의 정보 보호 시스템 구축, 개인 정보 침해 및 구제, 사회 법·규제 위반 정도 등이다.

사회 분야의 핵심 이슈에 대한 중장기 목표 설정은 사찰이 사회적 가치관을 수립하고 그 목표에 따라 사회 발전에 기여할 수 있는 방안을 모색하는 것이다. 이것은 사찰이 사회 환경의 변화에 따라 사회적 약자와 다문화가정 등을 지원하는 일에 적극적으로 나서야 함을 의미한다. 특히 경전에서 '지역 포교는 지역 친화적이어야 한다.'라고 강조한 것은 오늘날 주요한 시사점을 제공한다. 여기서 '지역 친화적'이란 표현은 지역사회에서 마을 주민과의 관계 맺음, 상호 작용, 공동체 의식 공유 등으로 설명된다.

> "부처님과 제자들은 한 마을에 머물게 되면 주민들과의 상호 작용을 유지하면서 공동체 의식을 공유했다. 부처님과 제자들은 매일 아침 탁발을 통해 공양을 받았고 칠가식(七家食)을 지켰다."[69]

사회적 약자, 다문화가정에 대한 지원 등의 활동을 전개하는 것도 지역 친화적 보살 사상의 실천으로 볼 수 있다. 종무원 채용 과정에서 신규 채용, 고용 유지, 정규직 비율, 이직률, 복리후생비 변동 등의 항목은 사찰에서 철저한 검증과 합리적 기준 마련이 필요한 영역이다. 사찰에서 종무원을 신규로 채용하는 과정에 구인난을 겪고 있는 이유는 저임금과 열악한 근무환경뿐만 아니라 저출산 고령화라는 사회적 영향이 크다. 사찰에서 내국인 종무원 선발이 어렵다 보니 외국인들을 고용하는 사례도 점차 증가하는 추세다.

사찰의 종무원은 출가종무원(승려)과 재가종무원으로 구분되며 재가종무원은 사무장, 사무원, 공양주, 관리인 등 업무 영역이 다양하다. 사찰에서의 고용은 근로계약서 작성과 정확한 업무 분장, 업무 시간, 휴가, 연금 등을 사전 고지 및 협의해 이뤄진다. 그렇지만 소규모 산중 사찰이나 사설 사암(寺庵) 중에서는 종무원 채용에 필요한 재정 확보의 어려움으로 인하여 근로계약서 없이 봉사 개념으로 일하는 종무원도 있어 이해충돌의 개연성이 있다.

정규직 비율은 사찰에서 정규직으로 채용한 종무원의 비율을 말한다. 종교 조직은 '종교'라는 특수한 근무환경으로 인해 원력과 헌신이 없는 사람이라면 일하기 힘들기에 이직률이 높은 편이다. 특히 기도 염불에 종사하는 출가종무원의 이직은 매우 높은 편이며 공양주와 일반 종무원을 구하기도 쉽지 않다. 사찰의 재정이 열악해 일반 기업에 비해 급여가 상대적으로 적을 뿐만 아니라 종교의 특수한 사정으로 근무 시간도 일정하지 않기 때문이다.

예전에는 사찰 종무원의 정규직과 임시직의 구분이 무의미할 정도였지만 근간에는 근로계약서 등을 통해서 임금과 근무 여건 등을 합의한 후 채용하는 것이 일반적이다. 다만 출가종무원의 경우 사찰 일을 수행으로 하여 세속적인 근로계약을 체결하지 않는 것이 암묵적 관행이다. 하지만 출가종무원의 소속 종단이 다르거나 일정 기간 이상 일할 경우는 근로계약 등으로 초래될 수 있는 문제에 대비할 필요가 있다. 사찰에서 여성 종무원의 비율은 압도적으로 높은 편이다. 업무 특성상 여성이 해야 할 일이 많은 편이며 육체노동보다 단순한 서비스를 제공하는 인력을 구하는 것이 상대적으로 수월하기 때문이다.

사찰에서의 인권 정책은 엄격한 윤리의식을 토대로 면밀하게 방향을 검토한 후 수립되어야 한다. 사찰에서 발생하는 인권 문제, 특히 여성 종무원을 대상으로 하는 성추문 등은 사찰뿐만 아니라 승려와 종단에 대한 신뢰를 무너뜨릴 수 있는 중차대한 문제이다. 특히 계행(戒行)을 생명처럼 중시하는 불교계에서 인권 침해나 성추문과 같은 법적인 문제가 발생할 경우 사자신중충(獅子身中蟲)과 같은 심각한 상황을 유발할 수 있다. 왜냐하면 오늘의 행복을 찾는 현대인들은 종교가 지닌 신뢰와 청정성을 더욱 요구하고 있기 때문이다.

활발한 논의로
사찰 운영 구조
개선

●

          지배 구조와 관련해 사찰과 기업을 동등한 기준으로 평가하기는 어렵다. 기업은 대부분 이사회가 최고 의결 기구이지만 사찰의 경우 사찰운영위원회는 형식적인 기구일 뿐 대부분 주지에게 권한이 집중되어 있다. 또 종단이나 교구는 종무회의 등과 같은 회의체에서 의사 결정을 하지만, 단위 사찰은 종무회의가 최종적인 의결 기구로 작동하지 않는 경우가 대부분이다.

    사찰이나 불교 조직에서는 공생적 ESG 경영을 종무회의 안건으로 상정하고 토론하는 사례를 수집하고 분석할 필요가 있다. 현재 각급 종무기관은 각자 종무회의를 열고 있기에 어떤 의제가 논의되는지 파악하기 어렵다. 사회에서 적용되는 사외이사 비율, 대표이사와 이사회 의장 분리, 이사회의 성별 다양성, 사외이사 전문성, 전체 이사 출석률, 사내이사 출석률, 이사회 안건 처리 방식 등 일부 사항을 참고할 수 있겠으나 사찰 운영에서 이들 항목을 평가할 수 있는 것은 아니다. 앞서 언급한 항목은 사찰 운영 구조에서는 적용할 수 있는 수준이 아니기 때문이다.

　다만 이사회 중심으로 운영되는 사회복지법인이나 사단법인 ·
재단법인 형태의 불교 조직에서는 이를 평가 대상에 포함할 수 있
다. 이사회 산하 위원회 운영과 관리, 집중 · 전자 · 서면 투표제,
윤리 규범 위반 사항 공시, 내부 감사 부서 설치, 감사 기구 전문성
(감사 기구 내 회계 · 재무 전문가 참여), 지배 구조 법 · 규제 위반 등은 더
욱 적극적으로 반영할 수 있는 항목들이다.

한국 불교의 ESG 활동과
이웃 종교 사례

공생적 ESG 경영을 선도할
불교계 연구소와 단체가 앞장서
활동 지침이나 평가표, 발전 방향 등을
제시하고 확산하려는 노력이 필요하다.

불교기후행동 발족과 템플스테이

●

　　　한국 불교계에서 ESG 경영에 대한 논의가 시작된 것은 그리 오래되지 않았다. ESG라는 용어는 공식적으로 2005년 유엔글로벌콤팩트 보고서에서 언급된 후 국내 기업과 연구에 본격적으로 사용되기 시작했다. 한국 불교계에는 2020년에 이르러서야 ESG라는 용어가 등장한다.

　　2020년 6월 발족한 불교기후행동은 기후변화에 대응하기 위해 불교환경연대와 대한불교청년회, 불교인권위원회, 불교여성개발원 등의 단체들이 참여하는 모임이다. 불교기후행동은 2021년 9월 성명서를 통해 '2030년 50% 감축 가능한 탄소중립 시나리오를 다시 마련해야 한다.'라고 주장했다. 당시 이 단체에서 발표한 요구사항은 다음과 같다.

　　　첫째, 정부는 탄소중립위원회를 재구성하고 탄소중립 시나
　　　　　리오를 다시 마련하라.
　　　둘째, 국회는 탄소중립 · 녹색성장기본법을 폐기하고 2030

년 50% 이상 감축 목표를 담은 기후위기대응기본법
을 다시 제정하라.

셋째, 기업은 기후위기 대응에 발목을 잡지 말고 탄소 감축
과 진정성 있는 ESG 경영으로 책임과 의무를 다하
라.

넷째, 종교는 기후위기 시대에 필요한 온 생명 공존의 가치
를 교리적으로 뒷받침하고 정의로운 전환을 위해 약
자를 대변하며, 모든 교단과 종교 시설에서 기후위기
에 대응하는 행동을 실천하자.[70]

불교기후행동은 기후위기의 실태를 진단하면서 정부, 국회, 기업 등에 탄소중립과 녹색성장을 지향하고 ESG 경영을 도입할 것을 요구했다. 그리고 종교계에는 기후위기에 대응하는 행동에 나설 것을 촉구했다. 그러나 아쉽게도 이 단체는 불교 내부의 구체적인 실천 방향을 제시하지는 않았다. 앞서 불교환경연대는 2021년 7월 워크숍을 개최하고 '그린뉴딜, 탄소중립, ESG의 내용과 과제 그리고 행동'이라는 ESG 경영 실천을 논의했다.

"행사 당일 입재식에 이어 '그린뉴딜, 탄소중립, ESG의 내용과 과제 그리고 행동'이라는 주제로 발표도 있었다. 이날 '우리의 미래 세대는 우리만큼 행복할 수 있을까?'라는 질문을 던지며 시작된 강연은 심각해져 가는 지구 환경의 상

한국 불교의 ESG 활동과 이웃 종교 사례

황을 기후변화, 플라스틱, 에너지 전환, 탄소중립, ESG 경영 등의 소주제를 넘나들며 이어졌다. 특히 한국 정부와 기업들이 말로는 이런 변화에 능동적으로 대응한다면서도 실제로는 미적거리거나 속 빈 강정 같은 태도로 임해서 국내 · 외에서 비난을 면치 못하고 있다는 평가는 깊은 인상을 남겼다."[71]

이후로도 불교환경연대는 ESG 경영이 사찰 운영에 활용될 수 있도록 다양한 노력을 전개했다. 특히 사찰에서 일회용 식기류 사용 중지, 비닐 · 플라스틱 줄이기, 숲 생태 보존, 야생 동물 보호 등과 일상에서 직 · 간접적으로 발생하는 '탄소발자국'을 줄이기 위한 국내 지부의 조직과 환경 교육에 나서고 있다.

한국불교문화사업단은 2021년 9월 대한민국 국제관광박람회에 참여하면서 '템플스테이는 자연 친화적이며 친환경을 추구해 왔다.'는 점을 강조했다. 당시 불교문화사업단은 다음과 같이 언급했다.

"위드 코로나 시대에 걸맞은 다양한 프로그램으로 전 국민의 심신 치유와 힐링에 기여할 것이며, 세계적으로 탄소중립과 ESG 경영이 화두가 된 가운데 본래 자연 친화적이며 친환경을 추구해 왔던 템플스테이와 사찰음식의 우수성을 계속해서 알릴 것이다."[72]

당시 불교문화사업단은 '대한민국 국제 관광박람회 협회 및 단체 부문 최우수상'을 수상했다. 이것은 불교계가 탄소중립과 ESG 경영 부문에서 긍정적인 평가를 받고 있음을 시사한다. 아쉽게도 당시 종단이나 교구, 단위 사찰에서 ESG 경영을 표방하면서도 행동 지침을 발표한 적은 없었다.

최근 조계종 제19교구 본사 화엄사는 ESG 경영 트렌드에 부합하기 위해 친환경 라이프 스타일 브랜드 회사와 협업하여 '화엄사 굿즈'를 제작 보급하고 있다. 산업 폐기물로 버려질 수 있는 커피 마대 자루를 10단계의 공정을 거쳐 수작업 원단으로 제작하고, 여기에 화엄사 홍매화 로고를 새겨 재활용하는 것이다.[73] 이러한 본사 규모의 사찰에서 환경의 중요성을 인식하고 알리는 사업을 하는 것은 단위 사찰로 확산하는 계기가 될 수 있다.

조계종의 직할교구 사찰인 수국사는 '수국이 만발하여 도량이 청정하니 삼보천룡이 이 도량에 강림하시어 나라를 평안케 하고 우리를 희망으로 지켜줄 것'을 발원하며, 탄소중립과 환경 보호 캠페인은 물론 재활용품으로 생활용품을 만드는 업사이클링(Upcycling) 체험 마당을 열었다.[74] 이러한 친환경적 주제의 행사는 공생적 ESG 경영의 바람직한 모델이 되어 지역사회와 사찰들로 확산될 수 있다.

환경과 생명 중시하는 지속가능한 불교

●

　　　대한불교조계종사회복지재단은 2023년 11월 21일 서울노인복지센터 대강당에서 'ESG 경영 확산, 사회복지는 어떻게 실천해 나갈 것인가?'를 주제로 제2차 미래복지포럼을 개최했다. 미래복지포럼은 사회복지 종사자 및 관련 주제에 관심 있는 일반인을 대상으로 사회복지 이슈를 분석하고 방향성을 제시하기 위해 열리고 있다.

　조계종사회복지재단은 지속가능성과 사회 책임에 대한 이슈가 확산되면서 그 중요성이 강조되고 있는 ESG가 무엇인지 검토하고 복지 영역에 적용하기 위한 방안을 제시하고자 포럼을 준비했다. 포럼에서는 △ESG 경영 확산, 사회복지는 어떻게 실천해 나갈 것인가? △ESG 개념과 사회복지에서는 ESG를 왜 실천해야 하는가? △비영리조직에서 ESG를 실천하기 위해 무엇을 준비하고 고려해야 하는가를 주제로 ESG 경영의 전문가인 신한대 글로벌통상경영학과 이현 교수와 위드밸류와 한국가치융합협회 대표이자 신한대 EGS 연구교수인 이기환 대표가 사회복지 분야의 ESG 경영 개념과 필요성 및 ESG 경영 추진 실천 방안을 제시했다.

대한불교천태종은 2022년 3월 당시 총무원장 무원 스님이 취임하면서 ESG 경영에 대한 비전을 밝힌 바 있다. 천태종은 150여 개의 직할 사찰과 약 200만 명의 신도가 있는 한국 불교계 제2의 종단이다. 무원 스님은 취임 일성으로 총무원의 운영 방침과 관련해 '환경과 생명 중시의 지속가능한 ESG 경영 강화'를 선언했다.

> "천태종은 상월원각 대조사의 '애국불교' '생활불교' '대중불교'를 3대 지표로 실천하고 있다. 그 지표 아래 '찾아가는 불교'가 되도록 더욱 노력하겠다. 사회적 큰 흐름에 어울리게 환경과 생명 중시의 지속가능한 'ESG 경영'을 강화하겠다."[75]

천태종은 한국 불교 종단 중 처음으로 ESG 경영을 통해 사찰 재정의 투명성을 높이겠다는 과제를 천명한 것이다. 이와 함께 천태종은 '자성을 밝혀 만인과 소통하고 공생할 수 있는 세상을 만들자'라는 종무 기조를 바탕으로 주요 사업을 전개할 것을 서원했다.

대한불교조계종은 2006년 '불교환경의제 21'을 선포한 이후 국민의 인식 전환과 실천을 위해 노력해 왔다. 근간에 조계종환경위원회는 "현대에는 쓰레기, 공기 오염, 탄소 배출 등의 문제가 심각하다. 불교의 환경 의식이 사회 · 국가로 퍼져갈 수 있도록 분위기를 조성하고, 일회용품 사용 자제를 요청하는 권고 내용을 각 사찰에 전달하라."고 당부했다. 이어 "선배 스님들이 지키고 가꿔 온 사찰림과 불교 문화재가 유지 · 보존되고 후대까지 잘 계승될 수 있도록 우리가 할 수 있는 역할을 다하자."는 결의도 했다.[76]

이러한 움직임은 환경 위기의 심각성을 알리는 계기가 됐지만 불교계를 대표하는 종단의 기조라고 하기에는 사회와의 소통에서 부족했다는 평가다. 사회에서는 전담 부서와 연구소를 두고 ESG 경영을 연구, 대응하고 있는 만큼 조계종의 전환적인 대책이 요구된다.

국외의 대표적인 사례로는 1966년 비구니 증엄 스님이 설립한 대만의 자제공덕회가 있다. 자제공덕회는 자선, 의료, 교육, 문화, 국제구호, 골수 기증, 환경 보전, 지역사회의 8개 주요 사업을 설정했다. 특히 환경 보전 사업을 위해서 쓰레기를 발생시키지 않는 운동을 전개한 것이 눈에 띈다. 신도들이 사찰에 방문해 식사할 경우, 자신이 사용할 밥그릇과 젓가락을 지참하게 했다.[77] 이것은 일회용품을 사용함으로써 발생할 수 있는 쓰레기를 원천 차단하고자 하는 목적으로 자제공덕회 회원들이 자발적으로 실천한 운동이었다.

또 자제공덕회는 대만 주요 지역에 재활용 센터를 설립했다. 이 센터를 통해 폐기 페트병으로 실을 만들고, 그 실로 옷이나 담요, 모자, 스카프 등을 제작하여 재해를 당한 사람들에게 긴급구호 용품으로 보급하는 활동을 했다. 폐기 페트병을 수집하는 것은 자제공덕회 회원들이 담당하고, 수거한 물품으로 공장에서 실을 짜서 천을 만든다. 이 천으로 옷과 담요를 만드는 일은 회원 중 자원봉사자들이 담당하는 형태로 운영되고 있다.

자제공덕회는 회원들의 자원봉사, 국제구호 등에 환경운동을 연계해 하나의 활동으로 여러 가지 목적을 동시에 달성할 수 있는 실천 프로그램을 운영하고 있다. 이 사례는 환경 분야 ESG 경영 사례로서는 가장 모범적인 것으로 평가할 수 있다.

사회 참여로
전법과
지역사회 기여

●

　　　　　　　　　　한국 불교계에서 사회 분야의
ESG 경영을 실천하는 사례는 종단과 교구본사 등에서 설립한 복
지시설에서 찾을 수 있다. 불교계에서 운영하는 복지관들은 '우리
동네 환경 평등 활동가', '도심 속 오아시스' 등과 같은 지역 친화적
프로그램을 개설하고 주민을 대상으로 '환경 보호 및 업사이클링
교육' 등을 진행하고 있다. 이는 '복지 사각지대에 놓여 피해를 입
는 환경 약자가 많음을 인식하고, 지역 주민들과 함께 환경 불평등
해소를 위한 노력'을 이어 나가기 위한 활동이다.

　이처럼 사회 분야 공생적 ESG 경영에서 불교계는 복지관을 운
영함으로써 전법과 지역사회 발전에 기여하고 있음을 알 수 있다.
즉 불교계에서 사회복지 사업에 참여하는 것 자체가 공생적 ESG
경영의 사회적 실천이라고 할 수 있다.

　조계종에서 설립·운영하는 조계종사회복지재단은 1995년 출
범하여 2024년 12월 현재 177개의 각종 복지 시설에서 붓다의 자
비로 대사회적인 서비스를 제공하고 있다. 또 전국의 조계종단 산

하 교구에서도 사회복지법인을 설립해 지역사회의 복지시설을 수탁 운영하고 있다.

이와 함께 한국 불교계의 사회 분야 공생적 ESG 경영 사례로 내세울 수 있는 대표적 사업은 템플스테이다. 템플스테이는 2002년 한·일 월드컵 당시, 한국 전통문화의 우수성을 알리기 위해 시작해 현재 매년 600만여 명 이상이 참가하는 우리나라의 대표적인 문화 체험 콘텐츠로 자리 잡았다.

대한불교조계종사회복지재단에서 운영하는 복지시설

구분	수도권	영남권	제주권	충청권	호남권	강원권	총합계
지역사회복지관	17	5		2	3		27
장애인복지관 및 장애인시설	16	7	1	1	3	1	29
노인복지관 및 노인복지시설	27	7		4	4		42
한부모가족복지시설	1						1
지역자활센터	1	3			1		5
아동·청소년시설	8	3			2		13
건강가정다문화가족지원센터	4	2			1		7
노숙인시설	3						3
어린이집	30	5		1	3		39
보육시설					1		1
정신보건시설					1		1
시니어클럽	1	2		1			4
여성폭력상담시설	1				1		2
푸드마켓			1				1
기타시설	2						2
소계	111	34	2	9	20	1	177

출처: 대한불교조계종사회복지재단

템플스테이를 시행하고 있는 사찰은 서울 봉은사 등 13개소, 경기 여주 신륵사 등 22개소, 강원 고성 건봉사 등 14개소, 인천 전등사 등 2개소, 충남 공주 마곡사 등 10개소, 충북 보은 법주사 등 8개소, 세종시 영평사 등 1개소, 경북 영천 은해사 등 16개소, 경남 양산 통도사 등 13개소, 대구 동화사 등 2개소, 부산 범어사 등 4개소, 광주 무각사 등 3개소, 전남 해남 대흥사 등 22개소, 전북 김제 금산사 등 9개소, 제주 관음사 등 4개소 등 총 130여 곳에 달한다.[78]

전통 사찰음식에 담긴 지혜를 사회적으로 공유하기 위해 시작된 사찰음식 분야에서는 서울 조계사 인근의 한국사찰음식체험관, 진관사의 사찰음식체험관 등을 비롯해 전국 각 사찰에서 시설 및 프로그램을 운영하고 있다. 사찰음식 특화 사찰로는 동화사, 백양사, 봉선사, 고운사, 봉녕사 등 총 15개 사찰이 지정되어 운영 중이다.

이와 함께 한국불교문화사업단은 33관음성지를 지정해 전 국민이 자유롭게 순례할 수 있도록 개방하고 있다. 강화군 보문사를 1번 사찰로 하여 33번째 사찰인 도선사로 이어지는 전국의 명산대찰들이 포함되어 있다.

유네스코 세계유산으로 선정된 한국의 7대 사찰도 사회 분야 공생적 ESG 경영의 불교적 성공 사례라고 할 수 있다. 7대 사찰인 통도사, 마곡사, 법주사, 대흥사, 봉정사, 선암사, 부석사는 대표적인 한국의 산지 사찰로 전통문화와 자연환경을 잘 유지 보존하고 있다. 이렇게 사찰의 자원을 잘 보존하여 세계문화유산으로 등재한 것은 불교계의 헌신적인 노력의 산물로 평가할 만하다.

대만 불교의 사회적 ESG 경영 사례는 불광산사, 자제공덕회, 중대선사, 법고산사 등 신흥 4대 종문에서 찾아볼 수 있다. 대만의 신흥 종단들은 비영리법인 형태로 운영되면서 적극적으로 빈민구제, 국제구호 활동을 펼치고 있다.

자제공덕회는 의과대학과 간호대학을 설립해 의료 인력을 배출하고 있으며, 6개의 종합병원도 설립해 지역의 어려운 주민들을 무료로 치료해 주는 자선활동을 전개하고 있다. 자제공덕회의 8개 주요 사업 영역 중에서 자선, 의료, 교육, 문화, 국제구호, 골수 기증, 지역사회 사업 등 7개 영역은 사회 분야의 모범적 ESG 경영 사례로 꼽을 수 있다.

불광산사도 교육 · 문화 사업을 통해 지역사회 발전에 이바지하고 있다. 전 세계에 산재해 있는 불광산사의 지원은 대부분 유사한 신도 교육 체계로 운영되며 각국에서 다양한 교육 사업을 전개하고 있다. 또 불광산사에 소속된 사찰은 경내에 문화 공연장, 전시관, 미술관 등을 운영하며 지역 주민들에게 무료로 문화를 소비할 수 있는 기회를 제공하고 있다.[79]

이처럼 대만 불교는 사찰 중심에서 재가불자 중심으로의 이행이 성실히 진행되고 있다. 또 불법 전파와 사회복지 활동이 두드러지게 나타나는 경향을 파악할 수 있다.

세계적 규모의
ESG 경영
'대만 불광산사'

●

　　　　　　　　불교계에서 지배 구조 분야의 대
표적인 ESG 경영 사례는 앞서 언급한 대만 불광산사에서 찾을 수
있다. 1967년 대만 까오슝현에서 성운 스님이 창건한 불광산사는
2,000여 명의 스님이 수행하는 대찰로 세계적인 불교 조직으로 성
장했다. 불광산사는 신문, TV, 라디오, 인터넷 방송 등 각종 언론기
관을 비롯해 복지 기관, 교육 기관 등을 운영하고 있다. 또 전 세계
의 200여 개의 도량에서 문화예술, 교육, 자선, 수행 등의 분야에
서 다양한 프로그램을 개발·운영하고 있다.[80]

　불광산사는 '권한이 있는 자는 금전을 관리할 수 없고 금전을
관리하는 자는 권한이 없다.'라는 원칙으로 조직을 운영하고 있다.
즉, 돈과 권한의 분리를 재무 관리의 준칙으로 삼고 있는 것이다.[81]
불광산사는 총림 청규의 관리법에 따라 사찰 및 산하 조직을 관리
하고 있는데, 그 내용을 요약하면 다음과 같다.[82]

　첫째, 현명한 사람을 뽑아 그 능력에 맞는 일을 하도록 함

으로써 재능을 최대한 발휘할 수 있도록 한다. 불광산사는 분야별로 필요한 인재를 주지와 대중 스님들이 공동 추천으로 선발하고 있다. 사원의 주요 강령이나 정책, 대중 지도, 기강 유지의 직무 등 주요 사안은 승려들의 의결과 선거 그리고 투표의 과정을 거쳐 결정한다. 이러한 결정은 사원 행정에 대한 공신력을 강화한다.

둘째, 평등하게 일을 나누어 총림을 관리한다. 불광산사의 총림 사무는 총 48개 부문으로 세분된다. 각 부문 직무는 상주(常住) 소임자의 직무에 대한 마음가짐과 능력, 덕행, 재능과 학문의 정도에 따라 적임자를 파견하고 임명한다. 대중은 자신의 직무를 담당하면서 분업하고 협력하며, 서로 존중하면서 사원의 업무가 정상적으로 운영될 수 있도록 한다.

셋째, 공유공용(公有公用)을 총림 관리의 원칙으로 삼고 있다. 공유공용은 모든 재화를 공공재로 귀속시키고, 공공의 이념을 실천하기 위해 사용한다는 의미이다. 불광산사는 『육화경(六和敬)』의 이화동균(利和同均) 사상을 바탕으로 시방(十方)에서 보시로 기진한 재화는 상주 소유로 귀속한다. 또 상주하는 소임자는 전체 대중을 위해 이를 도량에 비축하여 사원의 재산을 보호하고 승려들이 안심하고 수행할 수 있도록 돕는다.

넷째, 승가의 일은 승가가 결정하며 분쟁을 없애기 위해 계
율에 의지하여 문제를 해결한다. 승가는 보름마다 갈
마를 열고 포살을 거행함으로써 대중들이 진심으로
고백하고 참회하며 청정성을 회복하도록 하고 있다.
표준적인 법 제도를 통해 공정하고 공평하게 평가하
며, 상벌이 있을 때는 엄격하고 분명하게 처리하는 것
이 불광산사의 전통이다.

불광산사는 인간불교의 이념을 생활에서 실천하는 것을 목표로
하고 있다. 불광산사의 종지는 문화를 통한 불법 함양, 교육을 통
한 인재 배양, 자선을 통한 사회복지, 수행을 통한 마음 정화 등의
4대 이념이며 이를 사찰 운영 과정에서 적극적으로 실천한다. 인간
불교의 이념을 실천하기 위해 불광산사는 10가지 구체적인 목표를
제시하고 있다. 10가지 목표는 국제화, 사회화, 예술문화회, 본토화,
현대화, 인간화, 생활화, 사업화, 제도화, 미래화이다.[83]
　세부적인 내용을 살펴보면 국제화는 국제 포교 활동과 더불어
각종 국제회의와 종교 교류를 시행하는 것을 의미한다. 사회화는
공적인 장소에서의 사회 참여와 불교의 청년화·지식화를 도모하
는 것을 말한다. 예술문화화는 출판과 음악, 예술, 조각, 회화 등의
문화예술 활동을 통해 모두가 함께 문화를 누릴 수 있도록 하는
방안이다.
　본토화는 현지화의 의미이다. 불광산사는 세계 각국에서 포교

할 때 그 나라 현지의 출가자와 불자를 양성해 지원하는 체계를 목표로 한다. 현대화는 포교, 문화, 교육, 사업 체제, 건축 설비, 조직, 행정, 회의 및 의례 전반에 걸쳐서 현대적인 방법을 모색하는 것을 의미한다. 인간화는 불법이 인간 세상에서 이루어졌다는 기본적인 전제하에 포교 활동을 전개하는 것을, 생활화는 '불법의 생활화, 생활의 불법화'로 일상에서 불자의 삶을 강조하는 것이다.

사업화는 인재를 양성하여 대중에게 실질적인 도움과 이로움을 줄 수 있는 홍법(弘法)과 사업 활동을 전개하고 신도들이 정재(淨財)를 모을 수 있도록 격려하는 것을 말한다. 제도화는 온전한 제도를 통해서 운영과 인사 관리, 복지, 직권, 연수 및 수학 등이 이루어지도록 한다. 마지막으로 미래화는 의식주와 수행, 생로병사에 이르기까지 모든 분야에서 불교적인 의례와 내용을 발전시키는 것이다. 이러한 내용이 불광산사에서 설정하여 실천하고 있는 10가지 목표다.

불광산사의 지배 구조는 총림의 대중들이 모여서 의사 결정을 하는 대중공사와 주요 소임자들이 회의체에 참여하는 민주적 수평 구조를 보여 주고 있다. 따라서 전체 대중의 의견을 수렴하는 구조와 전문적 식견을 반영하는 제도를 함께 운영함으로써 세계적인 도량으로 성공을 거두고 있다.

종교를 넘어
공공재적 가치로
재설정

•

　　한국 사찰들의 환경 분야 공생적
ESG 경영은 대만의 우수한 사례에 비하여 다소 아쉬운 측면이 있
다. 대만의 신흥 4대 종문은 형성 초기부터 기존의 전통 종단이나
사찰들과 경쟁하기 위해 차별성을 가지려 노력했다. 반면 한국의
사찰들은 대부분 전통적인 사찰 운영 방식을 답습하거나 사찰의
수행환경 유지에만 매진했다. 물론 이러한 과정을 거치는 와중에
도 환경 분야에서 공생적 ESG 경영을 자연스럽게 유지힐 수 있었
던 측면은 높이 평가할 만하다.

　수행환경의 보존은 자연환경의 보존으로 이어졌고, 그렇게 보존
된 자연환경은 국립공원 및 도립공원 등으로 지정되었다. 전국 약
70여 개의 사찰이 국립공원 및 도립공원 내에 위치하고 있으며 귀
중한 문화재를 보존하고 있다. 사찰들이 단순히 종교적 역할만이
아니라 공공재적 역할도 함께 담당하는 것이다. 국가는 이러한 사
찰의 공공성을 인정하기에 문화재의 유지 보수를 위한 재정적 지
원을 하고 있다. 이와 함께 사회는 공생적 ESG 가치를 지닌 사찰

의 자연환경을 보호하는 캠페인을 적극적으로 펼치는 등 국민적 공감대를 형성해 나갈 필요가 있다.

바로 이 지점에서 국가와 사회는 종교의 테두리를 벗어나 전통문화 유지와 환경적 가치 측면에서 사찰의 공공재적 가치를 재설정하고, 나아가 미래 세대에 온전하게 계승하고 보존하는 대안도 마련해야 한다. 그동안 이러한 활동을 해야 할 주체인 사찰이 적극적으로 나서지 못했고, 이로 말미암아 문화유산과 환경 보전을 위한 노력이 불자 및 지역 주민과 함께하는 사회운동으로 확산되지는 못했다.

반면 대만의 주요 사찰들은 적극적으로 환경운동을 전개하고 있으며, 그 대상이 신도나 불자에 국한되지 않고 지역사회에까지 이르는 광범위한 사회운동으로 확산됐다. 향후 한국의 사찰들도 대만의 사례를 참고해 신도뿐만 아니라 지역사회 주민들과 함께하는 적극적인 환경운동을 전개하는 노력을 기울여야 할 것이다.

불교계의 사회 분야 ESG 경영 활동은 일반 기업에 비해 많이 부족하다. 오늘날 일반 기업은 사회 공헌 활동을 매우 적극적으로 추진하고 있으며, 수익의 일부를 복지기관이나 문화단체 등에 지원하고 있다. 또 공동모금회를 통해 복지시설을 지원하기도 하고, 수익의 일정 부분을 배정해 사회복지시설을 직접 설립 운영하기도 한다. 불교계는 공동모금회 등과 같은 모금단체를 통해 기업 지원을 받아 사회복지법인을 설립하고 공공시설을 위탁받아 운영하고 있다. 사찰에서 복지법인의 운영에 필요한 재정의 일부를 지원하며 보조하고 있으나, 그 규모는 극히 일부분에 지나지 않는다.

조계종은 사회 발전에 직접적으로 기여할 수 있는 공생적 ESG 경영을 실천하는 성공적인 사찰들을 만들어 내야 할 과제를 안고 있다. 사찰의 공생적 ESG 경영에서 가장 중요한 과제는 지배 구조 분야인 출가와 재가자가 평등하게 참여해 운영 방안을 모색하고 의사 결정을 할 수 있는 시스템 구축 여부이다.

ESG 경영의 모범 사례로 꼽히는 대만의 불광산사도 조직의 의사 결정에 신도들이 참여하지 못하고 있다. 반면 자제공덕회는 각 조직 단위에서 자체적으로 의사 결정을 하고, 중앙에서는 이를 종합하여 최종적인 활동 방향을 설정하고 있다. 한국 불교계의 경우 자제공덕회와 같은 의사 결정 구조를 가진 사례가 많지 않다. 하지만 사부대중은 공동체로서 출·재가가 함께 토론으로 중요한 의사 결정을 할 때 이상적인 지배 구조가 형성되며 재가불자의 후원과 자발적 참여도 이끌어 낼 수 있다.

최근 불교계에서도 ESG 경영에 대한 논의가 이뤄지기 시작했다. 그러나 현시점에서 그 세부적인 내용을 분석해 보면 다음과 같은 한계에 직면해 있다.

첫째, 주요 종단들의 참여가 아직 미흡하다. 한국불교종단협의회에 가입된 종단은 대한불교조계종을 비롯해 한국불교태고종, 대한불교천태종, 대한불교진각종 등 30여 개에 이른다. 그러나 ESG 경영 동참과 관련해 언론에 기사화되는 종단은 조계종과 천태종 등 소수에 불과하고 여타의 종단이나 소속 사찰들은 거의 언급되지 않고 있다. 이것은 종단 차원에서는 아직 ESG 경영에 관심이 부족하다는 사실을 말해준다. 불교계가 이 분야를 좀 더 활성화하려면 종단협의회를 통해 각 종단에 공생적 ESG 경영의 참여를 권유하고 관심을 기울이게 할 필요가 있다.

둘째, 불교계에서 ESG 경영은 주로 복지관을 중심으로 활발하게 추진되고 있다. 불교 사회복지관은 사회 환경 변화에 민감하게 대응해야 그 가치가 소멸하지 않고 생존할 수 있다. 이런 시대적 요청에 따라 공생적 ESG 경영을 부각하는 새로운 프로그램을 진행하고 있다. 나아가 불교 사회복지기관과 산하 시설들의 공생적 ESG 경영 참여를 더욱 활성화하기 위해서는 조계종사회복지재단을 비롯해 각 종단과 교구본사에서 운영하는 사회복지법인이 적극 참여할 필요가 있다. 불교계의 사회복지법인과 산하 시설들이 연계해 공생적 ESG 경영 프로그램을 개발한다면 지역사회와 함께할 수 있는 영역으로 확산될 것이다.

셋째, 교구본사 및 단위 사찰의 ESG 경영 사례가 많지 않다. 앞서 분석한 바와 같이 교구본사 차원에서는 화엄사가 관련된 활동을 전개하고 있다. 이에 반해 단위 사찰과 관련된 ESG 경영 기사는 찾아보기 어렵다. 전국의 단위 사찰은 1만여 곳에 이르지만 아무래도 종단에 비해 그 주목도가 떨어지므로 ESG 경영 사례가 있더라도 언론에 기사화되지 않을 수 있다. 하지만 불교계 신문에서도 ESG 경영 사례를 적극 보도하지 않았다는 점을 상기해야 한다. 그것은 지금까지의 사례들이 혁신적이지 않거나 참여 자체가 크게 부족했음을 반증한다. 화엄사의 사례에서 보았듯이 교구본사의 주도 아래 소속 사찰들과 함께 프로그램을 개발하고, 내부적으로 활용 가능한 지침을 제시하고 공유한다면 종단에 국한되지 않고 전국 단위 사찰로 공생적 ESG 경영이 확산할 수 있을 것이다.

넷째, 불교환경연대나 불교기후행동 등과 같은 체계화된 단체들의 적극적인 활동이 필요하다. 불교계 종단과 사찰들은 아직 ESG 경영에 대한 인식이 낮은 편이다. 불교 교리는 '연기'가 곧 '공생'이며, 바라밀행이 그것을 실천하는 원리임을 강조하고 있는데 굳이 '공생적 ESG 경영'이라는 개념을 도입할 필요가 있는가에 대한 의문 때문으로 보인다. 즉 불교의 제반 활동이 모두 교리 차원에서 ESG 경영에 부합된다는 논리이다.

그러나 일부 사찰에서 발생하는 갈등이나 문제들은 교리적 차원을 벗어나 현실적 실천과 연관되어 있으며, 이를 해결하기 위해서는 구체적인 행동 지침과 평가 등이 필요하다는 것을 깨달아야 한다. 더 나아가 불교계에서 공생적 ESG 경영을 선도할 수 있는 연구소 및 단체가 앞장서 행동 지침이나 평가표, 발전 방향 등을 제시하고 이를 확산시키려는 노력을 해 나가야 한다.

천주교
: 공동선을 위한
조화로움

●

　　　　　　한국 천주교는 2023년 '천주교 생태 영성 40주간' 기도 행사인 '우리의 지구를 살리기 위한 기도'에서 해마다 전 세계에서 엄청난 양의 쓰레기가 발생하고 있다면서 ESG 경영의 필요성을 강조했다. 천주교는 사회교리 해설에서 '올바른 행동에 대한 성찰-가장 중요한 안전과 생명, 우리 인식도 변해야 한다.'라는 점을 강조하고 있다. 이 해설을 바탕으로 천주교는 다음의 인용된 사례처럼 이윤을 우선시하는 기업 경영, 생명을 경시하는 풍조를 비판하고 이에 대한 성찰을 촉구하고 있다.

　　"기업이 잘되면 안전 투자에도 박차를 가하겠지만 운영이 어렵고 적자가 누적되면 당연히 재해와 위험에 대한 대비도 떨어지게 마련입니다. 하지만 이것을 당연하다고 볼 수만은 없습니다. 첫째, 이는 결국 안전이나 생명보다 비용이나 이윤을 우선시하는 처사에 불과하고, 둘째로 생명에 관한 문제는 차선이 선택될 수 없기 때문입니다. 문제는 언제

나 돈만 중시하고 안전과 생명을 경시하는 우리 사회의 풍
조이고 그 결과는 위험한 일터, 여전히 한 해에 2,000여
명이 사망하는 현실입니다. 우리 모두 깊이 성찰하고 관심
가져야 합니다."[84]

2022년에는 본격적으로 '현대 사회의 문제점을 개선하면서 동
시에 수익 구조를 유지할 수 있는 대안으로 ESG 경영'을 제시했다.
이때 열린 세미나에서 한 참석자는 "사회적 약자를 대하는 방식에
있어서 개별적으로 선한 마음을 가지는 동시에 이들을 위한 제도
와 구조, 질서를 잘 만드는 사회적 장치 차원의 카리타스(Caritas)가
필요하다."라고 밝혔다.[85]

같은 해 천주교가 운영하는 광명시의 한 복지관은 'ESG 경영
선포식'에서 'ESG로 광명하다'라는 비전으로 3가지의 핵심 전략
을 내세웠다. '지속가능한 Green 공간 조성', '사람 중심의 소통 플
랫폼 구축', '지역과 함께하는 ECO 복지 경영'이 그것이다. 그리고
사회적 책임에 대한 추진 의지를 밝히고 친환경 세제 만들기, 자가
발전 자전거로 주스 만들기 등의 환경 보호 실천 체험장을 마련했
다.[86] 이와 함께 수원교구는 '천주교 수원교구 탄소중립 선포' 미사
를 봉헌하면서 2040년까지 탄소중립을 실현하겠다고 선언했다.

한국 천주교의 한 대학도 개교 24주년을 맞이하여 2022년 10
월 'ESG 실현을 위한 실천 선언식'을 개최했다. 이 대학은 선언을
통해 '탄소중립 달성 노력, 학교와 가정에서 친환경 생활 적극 실

천, ESG 교육 활성화 및 ESG 인재 양성, 지역과 상생하는 지역 서비스 및 봉사 활동 적극 참여, 대학의 건전하고 투명한 경영 실현' 등을 실천하기로 결의했다. 또 친환경 에코 캠퍼스를 지향하면서 지구온난화 억제를 위해 교내 모든 건물에 태양광 발전소를 설치해 연간 약 927,000kw의 전기를 생산함으로써 전기 소비량 대비 80%의 탄소중립을 달성했다.[87]

이외에도 ESG 온라인 직무 콘서트, ESG 가치 확산 관련 비치코밍(Beach Combing) 캠페인도 전개했다. 비치코밍은 바닷가로 밀려온 표류물이나 해안에서 발생한 쓰레기 등을 줍는 환경 정화 활동을 의미한다. 천주교의 한 병원은 2022년 12월 'ESG 위원회'를 발족했다. 이 위원회는 ESG 경영 전략 방향으로 '환경을 생각하는 친환경 병원, 사회적 책임을 다하는 안전한 병원, 윤리적으로 투명하고 공정한 병원' 등을 제시했다.[88]

한국 천주교의 ESG 경영은 일부 교구, 소속 대학교, 복지기관 등에서 선언식, 위원회 발족, 봉사 활동 전개 등으로 이어지고 있다. 사회교리 해설에서도 ESG 경영 관련 내용이 포함되면서 사목이나 신도들의 활동에 영향을 미치고 있다. 다만 한국 천주교의 ESG 경영은 2022년에 들어 시작되었기에 전체 교구로는 아직 확산되지 못하고 있다.

한국 천주교의 ESG 경영 사례가 보여 주는 특징은 주류인 성당에서보다 각 교구 산하의 의료 · 교육 · 복지기관 등에서 주로 실천되고 있다는 점이다. 그리고 주요 활동이 환경 분야에 집중되고 있으며, 대사회적 활동으로는 여러 사회적 서비스 시설이나 기관을 설립한 것으로 ESG 경영에 기여하고 있다. 그러나 천주교에서도 지배 구조와 관련된 분야는 크게 논의되지 않았으며 그 사례들도 현재까지는 찾아보기 어렵다.

개신교
: 탄소중립의
구체적 실천

●

　　　　　　　　　　　　　한국 개신교는 2022년 8월 기독
교환경운동연대와 주요 교단의 환경위원회 등이 모여서 '2050 한
국교회 탄소중립 로드맵'을 발표했다. 이 로드맵의 발표 목적은 다
음의 세 가지로 제시되었다.[89]

> 첫째, 창조세계의 온전성을 회복하는 것으로 생태적 파국
> 　　　을 막기 위한 참회하는 마음과 절박한 심정으로 탄
> 　　　소 배출의 감축을 위해 노력한다.
> 둘째, 지구적 기후 정의와 생태 정의를 실현하기 위해 불평
> 　　　등한 에너지 사용으로 인해 기후 약자, 기후 난민, 지
> 　　　구 생태계에 피해가 가중되는 사회적 · 생태적 부정
> 　　　의 상황에서 탐욕의 산물인 화석 연료에서 벗어나 햇
> 　　　빛과 물과 바람의 재생가능 에너지로 살아가는 에너
> 　　　지 전환을 이룬다.
> 셋째, 한국 사회와 국제 사회의 2050년 탄소 배출 감축 목

표 달성을 위해 기후위기의 비상한 상황 앞에서 국제
사회를 향하여 기후 예언자의 목소리를 높여 나간다.

이와 같은 세 가지 목적을 달성하기 위해 교회는 탄소 배출을 2030년까지 50% 감축, 2040년까지 100% 감축하겠다는 목표를 제시했다. 그리고 2050년까지 재생 에너지 생산과 자연 기반 탄소 흡수원 확대 등을 이루겠다고 천명했다. 또 교회의 탄소 배출 감축 방안과 기반을 구축하고, 관련 기관 등에 감축 목표 달성에 협력할 것을 당부했다. 각 교회의 예배당, 교육관, 부속 시설 및 운송 수단에서 화석 연료 사용으로 직접 배출되는 탄소 감축과 전기, 열, 물 등 에너지 사용으로 간접 배출되는 탄소 감축 방안도 모색했다. 이와 함께 도시 지역의 중·소형 교회, 농어촌 지역 교회 등으로 세분화하여 각 교회가 위치한 상황에 따라 연간 에너지 사용량과 탄소 배출량 등을 사율적으로 규제하도록 권고했다.

로드맵 발표 이후 2023년 5월에는 기후위기 기독교신학포럼에서 월례 포럼을 열고 교단별 탄소중립 정책과 이행 현황을 분석했다. 대한예수교장로회총회통합은 2022년 9월 107회 총회에서 특별위원회였던 기후위기위원회를 총회 사회봉사부 산하 기후위기 대응위원회로 격상하고, '대한예수교장로회총회 기후위기 대응 지침'과 '2050 한국교회 탄소중립 로드맵'을 공식 채택했다. 그리고 전체 69개 노회에서 탄소중립을 시범적으로 운영할 수 있는 교회를 선정하고, 총회 홈페이지에 진행 상황을 지속적으로 업데이트

하여 구체적인 탄소 배출 감축 방안과 교육 과정이 공유될 수 있도록 준비하고 있다.

대한기독교감리회는 35회 총회에서 총회 · 연회 내 기후위기특별위원회를 설치하기로 결의하고, '기독교대한감리회 2050 탄소중립 선언'을 채택했다. 이후 각 연회 감독 및 총무 등이 공동 진행하는 '기독교대한감리회 기후위기 프로젝트'를 발표했다. 여기에는 기후위기 대응을 위한 개인 · 교회 단위 실천 방안과 '햇빛 선교(태양광발전소 건립)', 2024년 '환경 총회' 개최 계획 등이 담겨 있다.

한국기독교장로회는 2021년 106회 총회에서 '탄소중립 선언문'을 채택했으나, 107회 총회에서 구체적인 탄소중립 정책을 펼치기 위한 기후정의위원회를 신설하자는 안은 기각되었다. 총회 내 기구가 너무 많고, 운영하는 데 예산이 많이 들어간다는 이유 때문이다. 다만 '2050 한국교회 탄소중립 로드맵'은 공식 채택했고, 기후정의 교육 실시는 의결했다.

기독교계의 이러한 움직임은 '교회의 지속가능성이 위축'되기 때문에 나타난 현상으로 볼 수 있다. 그렇지만 현재 기독교계는 탄소중립 필요성에는 공감하면서도 예산과 인력 문제로 적극 대응하지는 못하고 있는 것으로 보인다. 한국 개신교는 탄소중립 노력이 선언에만 그치지 않고, 구체적인 실천 방안으로 이어지는 것을 목표로 삼고 있다. 또 '정의로운 전환', '지역 교회의 돌봄, 복지 기능 강화'를 천명하고 기후위기 대응을 위해서는 개인 · 교회 단위의 실천을 넘어 정부와 기업을 향해 목소리 내야 한다고 주장하고 있다.[90]

ESG 경영의 관점에서 한국 개신교의 활동을 종합적으로 분석해 보면 환경 분야에서는 매우 적극적으로 활동하고 있음을 알 수 있다. 이는 위원회 설립, 선언문 채택, 행동 지침 제시 등에서 그 사례를 확인할 수 있으며 높게 평가할 만한 사항이다.

　사회 분야에서도 적극적이면서 다양한 활동을 전개하고 있다. 복지시설, 문화단체, 지역사회 봉사 등의 영역에서 교회는 매우 활발히 활동하고 있다. 이러한 활동을 전개할 수 있는 배경에는 전국적으로 산재한 개신교 교회가 대사회적 지지 기반을 구축함으로써 종교적 경쟁력을 갖추어야 할 필요가 있기 때문으로 분석된다.

　한국 개신교의 지배 구조는 장로교회, 감리교회, 회중교회라는 세 유형에 따라 달라진다. 장로교회는 장로들이 의사 결정을 하는 반면, 감리교회는 감독에게 최종적인 의사 결정권이 주어진다. 그러나 최근에는 교회의 유형이나 교파에 관계없이 제직회에 참여하는 평신도들이 많아지고 있다. 중요한 의사 결정이 제직회에서 진행되기 때문에 평신도들의 의사 결정 참여 기회가 확대되는 것이다. 따라서 ESG 경영의 측면에서 보면 제도화된 종교단체 중에서는 개신교 교회들의 활동이 가장 활발하다고 평가할 수 있다.

　앞서 살펴본 바를 종합하면 공생적 ESG 경영의 관점에서 볼 때 불교는 기후변화, 사찰 수행환경 보존, 생태환경 보호 등과 같은 실천적 대안을 강조하고 있다. 천주교는 ESG 경영에 비추어 이윤을 우선시하고 생명을 경시하는 풍조의 기업 경영을 비판하고 있다. 기독교는 교육적 대안을 강조하고 총회 홈페이지에 실질적인 탄소 배출 감축 방안 및 교육 진행 상황을 공유하는 시스템을 구축했다. 한편 각 종교의 ESG 경영 실천 방향과 지역사회와 연계한 봉사활동은 비교적 공통점을 가지는 현상임을 알 수 있다.

불교의 미래를 위한
공생적 ESG 실천

불교계의 공생적 ESG 경영 선언은
사찰이 과거의 유산이 아니라
오늘날 우리 삶과 함께 진화하는
문화 창출 거점임을 알릴 기회가 될 것이다.

자연환경과
수행환경은
같다

●

　　　　　　　　환경 분야에서 공생적 ESG 경영
의 실천은 매우 시급하다. 이는 지구 환경이 인간의 소비 행태 변
화로 인해 통제가 어려울 정도로 매우 급격하게 악화되고 있기 때
문이다. 이산화탄소는 자연적으로 해결하지 못할 정도로 과다하게
배출되고 있으며, 이로 인해 온실 효과가 일어나 지구의 평균 기온
이 급격하게 상승하고 있다. 공기 중에 축적된 탄소는 바닷물과 결
합하여 물의 부피를 증가시켜 해수면 상승을 유발함으로써 해양
생태계를 붕괴할 뿐만 아니라 수몰되는 지역도 증가하고 있다.

　이와 같은 문제를 해결하기 위해 인류는 지금 당장 이산화탄소
배출량 감소를 위한 적극적인 노력을 전개해야 할 필요가 있다. 온
실 효과를 일으키는 물질은 이산화탄소 외에도 메탄, 아산화질소,
불소화 가스 등이 있다. 메탄은 석탄, 석유, 천연가스의 생산과 수
송, 농업 관행, 매립지의 유기성 폐기물 부패 등으로 배출된다. 아
산화질소는 각종 산업 활동, 화석 연료 연소, 고체 폐기물 처리 등
의 과정에서 만들어지며, 불소화 가스는 냉장 시설, 에어컨, 전자기

기 등에 사용되는 합성화합물 생성 과정에서 배출된다.

이렇게 생성된 배출 물질들은 많은 문제를 일으킨다. 온실가스 문제를 해결하기 위해서는 기존의 에너지원을 대체하는 태양광 · 풍력 · 수력 등 재생 에너지를 적극 활용하고 에너지 소비를 줄이고 효율을 높여 온실가스 발생량을 지속적으로 줄이려는 실천적 노력이 필요하다.

사찰을 비롯한 불교 기관과 조직들이 환경 분야의 공생적 ESG 경영을 실천할 수 있는 구체적인 방안에는 에너지 절약, 지속가능한 운송, 폐기물 감소와 재활용, 지속가능한 먹을거리, 절수 등이 있다. 이를 위해 각 종단과 교구, 단위 사찰, 관련 단체들은 사용하지 않는 전등 끄기, 에너지 효율이 높은 가전제품 사용하기, 단열재 쓰기, 자동 온도 조절 장치 부착 등 에너지 절약 운동을 전개할 수 있다.

지속가능한 운송을 실현하기 위해서는 획기적인 교통 대책이 필요하다. 사찰을 방문할 경우 가능하면 대중교통을 이용하고, 같은 지역에 사는 신도들끼리 카풀을 통해 자가용 이용을 줄일 수 있다. 가까운 사찰을 찾을 때는 자전거 이용과 걷기 등을 권장할 수 있다.

폐기물 감소와 재활용 증진을 위해서는 낭비를 최소화하는 의식적인 소비, 사찰에서 발생하는 유기물의 퇴비화, 폐기물 발생의 최소화 등의 방법이 있으며 이를 통해 메탄 등 환경 오염 물질 배출도 줄일 수 있다. 또 재활용이 가능한 폐기물의 분리수거, 재활용 제품 사용을 확대하는 노력도 필요하다.

전통적으로 사찰은 여러 환경 분야에서 근원적으로 ESG 경영 활동을 해 왔다고 볼 수 있다. 특히 사찰음식은 환경적으로 지속 가능한 미래를 위한 모범 사례로 손꼽힌다. 사찰에서는 육류 섭취를 배제함으로써 탄소 발생이 높은 식품의 소비를 최소화하고 있기 때문이다. 육류 소비를 줄이고, 지역에서 생산되는 유기농산물을 소비함으로써 지속가능한 농업 관행을 지원할 수 있다. 농사를 짓는 사찰에서는 친환경 농법을 사용함으로써 환경 오염을 예방할 수 있다. 산중 사찰의 휴면 토지를 활용해 도심 사찰과 연계하는 방안도 필요하다. 대부분의 사찰들은 주변에 토지를 보유하고 있어 농산물을 직접 생산하거나, 인근 지역에서 생산된 농산물을 소비함으로써 식품 운반에 따른 이산화탄소 배출량을 저감하는데 기여하고 있다.

그리고 물을 절약함으로써 처리, 가열, 수송에 필요한 에너지 소비를 줄일 수 있다. 사찰에서는 물 사용을 최소화함으로써 오염수 유출을 줄이고 습지 생태계를 보존할 수 있다. 농어촌이나 산중에 있는 사찰들은 절수를 통해 물의 처리, 가열, 수송에 수반되는 에너지와 이산화탄소 배출량을 줄일 수 있다. 농어촌이나 산중에 있는 사찰들은 지하수 사용 비율이 높고 상대적으로 상수도 의존도가 낮은 편이다. 이에 반해 도심에 자리한 중앙종무기관이나 산하 시설들은 상하수도 시스템을 이용하기 때문에 보다 적극적인 절수 운동이 필요하다.

사찰과 불교계 단체 및 시설 등에서 특히 적극적으로 참여해야 할 영역은 에너지 절약 운동이다. 근본적으로 에너지를 절약하기 위해서는 전각과 요사채 등을 건립할 때 에너지 효율이 좋은 단열재를 사용하고, 자동 온도 조절기 설치, 태양광 패널 설치 등을 적극적으로 실천하는 것이 필요하다.

환경 분야의 공생적 ESG 경영 원리는 자연환경 보호와 더불어 수행자 정신을 고양하기 위한 수행환경 보호에도 도움이 된다. 전국의 교구본사 및 전통 사찰의 대다수는 국립공원, 도립공원 등 공원 지역이나 산림 지역에 위치하고 있다. 이러한 사찰의 산림과 공원 녹지는 1,000년 이상 유지되어 온 불교 자산이자 과다 배출된 탄소를 저감하는 산소 공급처로 작용해 왔다. 이와 같은 기여를 상기한다면 사찰의 환경을 보호하는 것만으로도 불교계는 환경 분야의 공생적 ESG 경영 실천에 부응하는 것으로 볼 수 있다.

환경 분야의 공생적 ESG 경영을 단위 사찰로 확산할 경우 전기·가스 등 에너지 사용 억제, 쓰레기 등 폐기물 배출량 감축, 용수 사용량 감소, 재활용 제품 활용 확대 등을 계량화해 구체적으로 실현되는지 평가할 수 있다.

교구본사 차원에서는 전통 사찰과 단위 사찰의 수행환경 보전, 환경 개선과 보전을 위한 노력을 측정하고 평가하고 지도하는 업무를 담당할 수 있다. 중앙종무기관은 종단 차원의 공생적 ESG 경영에 대한 의식 확산, 교구본사의 활동에 대한 지도와 평가 등의 업무를 수행할 수 있다. 이러한 노력은 한국 불교의 미래에 대한 자산이 될 것이다.

평등과 자비의
실천이
ESG 경영

●

                    불교계에서 추진할 수 있는 사회 분야 공생적 ESG 경영은 불교계 내부 활동과 외부 활동으로 구분할 수 있다. 먼저 불교계 내부의 공생적 ESG 경영 활동에는 종무원들의 근무환경과 조건을 개선하는 것이 있다. 불교계 외부적인 공생적 ESG 경영 활동에는 지역 상생 발전, 사회적 책임 이행 등과 더불어 바람직한 사회적 변화를 촉진하는 역할이 있다.

일반적인 ESG 경영의 사회 분아에는 노동, 양성평등 및 다양성, 산업 안전, 지역사회 공헌 등의 영역이 포함되어 있다. 불교계의 사회 분야 공생적 ESG 경영 활동으로는 노동 분야에서 정규직 비율, 결사의 자유 보장 등의 영역을 개선할 수 있다. 좀 더 구체적으로 단위 사찰, 교구본사, 중앙종무기관에서 고용한 종무원의 정규직 채용 확대를 추진할 수 있다. 불교계의 사찰과 종무기관 등에는 다양한 직종의 종무원이 채용되어 활동하고 있다. 종무원은 임시직, 계약직, 정규직 등 여러 형태로 채용되는데, 최근 노동법이 강화되면서 신행과 연계된 직종에 대해서도 반드시 근로계약서를 작성하도록 하고 있다. 종무원은 근로계약서에 근거해 업무의 범위와 노동 조건, 급여 체계 등이 명시되기 때문에 종단 내의 노동환경은 많이 개선되고 있다. 또 사찰에서도 일반 기업처럼 최저임금제를 도입하고 있어 급여 체계 역시 많이 개선되고 있다.

다만 종무원의 노동조합 결성에 대해서는 부정적 의견이 많아 종단 산하 조직에서 노동조합 결성 사례는 매우 소수에 불과한 실정이다. 그 이유는 사찰, 교구본사, 중앙종무기관의 근무환경이 일반 기업과는 많은 차이가 있기 때문이다. 이웃 종교의 경우도 종교인들이나 성직자들이 노조 결성에 대해 부정적인 인식이 높아 노조 설립이 쉽지 않다.[91] 이와 같은 이해충돌로 인한 갈등을 가진 기관이나 기업의 사례도 있다.

불교계의 양성평등 분야는 여성과 남성이 함께 성장하는 사회라는 목표에 한 발 더 다가가고 있다. 각 사찰이나 종무기관에 종사하는 여성 인력이 남성에 비해 월등하게 많기 때문이다. 그러나 근무환경이나 근무여건 등에 대해서는 아직 개선할 여지가 남아 있다.

대사회적인 활동을 전개하는 단체로 한국불교종단협의회 산하 인권위원회, 대한불교조계종 사회노동위원회 등이 있다. 인권위원회는 부처님의 가르침에 따라 평등과 자비의 정신을 실현하는 사회를 만들기 위해 노력하는 단체이다. 이 단체는 인간이 중심되는 사회를 건설하기 위해 인간의 존엄과 가치를 존중하고 자비의 실천으로 일체 생명의 존엄성을 보장한다는 것을 이념으로 삼고 있다. 더 나아가 불교를 넘어서 소외되고 억울한 일을 당하는 모든 이들과 함께하고 있다. 그리고 인권 교육을 통해 인권이 타인의 문제가 아니라 바로 자신의 문제임을 알게 하며, 이와 관련된 자료집 등을 발간하고 있다. [92]

조계종 사회노동위원회는 노동 · 여성 · 인권 · 빈곤 등의 사회 문제에 대해 불교적인 관점과 방법으로 해법을 모색하고, 평등하고 더불어 사는 사회를 만들기 위해 2012년 출범한 단체다. 비정규직, 부당 해고, 산업 재해 등 노동 문제를 비롯해 인권, 동물권, 한반도 평화, 위안부 문제, 이주민, 성소수자 등 다양한 분야에서 조계종의 대사회적 목소리를 대변하고 있다. 특히 삼보일배와 오체투지, 삼천배 등 불교적 실천 활동으로 사회 문제 해결에 기여했다는 평가를 받고 있다.

갈마법은
민주적인
실천 원리

•

공생적 ESG 경영에서 지배 구조 분야의 불교적 실천 원리는 『마하박가』에 기록된 갈마법에서 상세하게 언급하고 있다. 갈마법에는 중대성에 따라서 다음과 같은 세 가지 의결 방법이 있다.[93]

첫째, 단백갈마(單白羯磨)는 단 한 번의 제안을 지칭하거나 단 한 번의 제안만으로 사안이 결정되는 의사 결정 방법을 말한다. 이 갈마법은 제안갈마(提案羯磨)라고도 하는데 이미 알고 있는 사항, 대중들에게 공유된 사항에 대해서는 대표자가 제안하는 것만으로 결정될 수 있다. 이 제안자는 총명하고 유능하며 대중의 이익을 중시하는 수행승이 담당하는 것이 일반적이다.

둘째, 백이갈마(白二羯磨)는 한 번 제안을 한 뒤 다시 한번 '찬성하면 침묵하고 이견이 있으면 말하라.'라고 제청하는 방식이다. 한 번의 제청을 통해 전원이 침묵하면 동의한 것으로 판단하여 사안은 결정된 것으로 본다.

셋째, 백사갈마(白四羯磨)는 한 번 제안하고 세 번에 걸쳐 '찬성하면 침묵하고 이견이 있으면 말하라.'고 제청하는데 세 번의 제청을 통해 전원이 찬성하여 침묵하면 사안이 결정된다. 이 경우 한 번 제안, 세 번 제청하기 때문에 백사갈마라고 표현한다.

이와 같은 갈마법은 대중공사에서 공지사항을 통보하거나 중요한 문제에 대한 대중의 의견을 구하는 방식으로 중요한 의미가 있다. 갈마법의 중요한 특징은 참석한 대중의 의견 수렴, 설득과 조정, 만장일치 등에서 찾을 수 있다.

갈마법은 대중의 의견을 수렴하기 위한 의사 결정 방식이다. 제안자가 의결할 안건을 제안하면 참석한 대중들은 그 즉시 반대 의견이나 다른 의견을 제시할 수 있다. 이견이 조정되면 최종적으로 제안자가 '찬성하면 침묵'하는 방법으로 마지막 의견 수렴을 한다. 이견이 계속 나올 때 회의 진행자는 계속하여 다양한 의견을 듣고 갈마법으로 의견을 수렴한다.

의견이 하나로 수렴되어 결정되기까지는 다양한 의견 제시를 허용하고, 이를 바탕으로 만장일치가 될 때까지 계속 침묵하는 동의자를 늘려가면서 설득과 조정을 하면서 최종적으로는 모두가 동의하고 참여하는 만장일치로 의안을 결정한다. 이와 같은 의사 결정 방식은 사단법인이나 재단법인 등과 같은 단체에서 이사장의 권력을 견제하고 구성원들의 의견을 수렴하는 방법이 될 수 있다.

갈마법은 주로 승가의 대중공사에서 활용되고 있으며, 현재까지도 승가의 구성원들이 의견을 수렴하는 방식으로 활용되고 있다.[94] 갈마법은 공생적 ESG 경영에서도 지배 구조의 민주적 결정과 운영을 촉진할 수 있는 중요한 함의를 제시하고 있다.

민주적 지배 구조는 대중공사의 운영 방법에서 구체적으로 실현될 수 있다. 대중공사는 다수결에 의한 일방적 의사 결정이 아니라 참여한 대중 전체의 의견, 특히 소수의 의견이라도 무시하지 않고 존중하는 문화가 내포되어 있기 때문이다. 사회의 민주적 지배 구조는 다수결에 의해 구성원의 의견을 수렴하고 결론을 추출하는 원리이다. 여기에 대중공사의 갈마법을 적용하여 불교적 방식의 유연성을 구체화할 수 있다. 소수의견을 중시하는 것은 대법원이나 헌법재판소의 판결문에 소수의견을 부기함으로써 다수의견에 수렴하도록 하는 전통과도 연계할 수 있다. 대중공사의 갈마법은 소수의견을 존중하면서도 만장일치로 의사 결정을 하는 방법이기 때문이다.

앞서 제시한 공생적 ESG 경영을 위한 지배 구조는 율장 정신의 구현, 사찰 업무 분장표인 용상방(龍象榜)과 같은 소임자의 역할 공개, 모든 구성원이 평등하게 참여하는 대중공사의 정신 계승으로 달성할 수 있다. 이러한 정신은 조계종단에서 실행하는 종무회의, 관계인과 업체를 조정하는 불사심의위원회, 신도들이 참여하는 사찰운영위원회, 모든 대중이 평등하게 참여함으로써 의견을 수렴하는 교구 임회 등에서 지침이 될 수 있을 것이다.

불교의 미래를 위한 공생적 ESG 실천

종단 차원의
ESG 경영
선언

●

　　　　　　　　　지속가능한 미래 불교에 대한 관심과 중요성이 증가하면서 주요 이해관계자의 대립과 변화의 욕구가 분출하고, 조계종 내부에서도 지속적으로 변화를 요구하는 주장이 제기되고 있는 상황이다. 이에 조계종의 사찰 운영, 종단의 산하 기관 운영에서도 공정성과 투명성의 가치가 중요해지고 있다.

　조계종에서 ESG 경영은 이제 사찰 및 기관의 사회적 평가에 영향을 주는 변수로 작용하고 있다. 특히 템플스테이와 같이 대사회적인 서비스를 제공하는 사찰에서 ESG 경영 실현 여부는 사찰의 이미지와 브랜드 평판에 큰 영향을 줄 수 있다. 이런 포괄적 접근의 공생적 ESG 경영은 조계종단뿐만 아니라 사회의 이익 향상과 행복 증진을 포함하는 종합적인 노력으로 이어질 필요가 있다.

　조계종에서 공생적 ESG 경영을 대외적으로 선포하는 것은 불교의 전통적 목표와 가치를 바탕으로 사회적 책임에 더 많은 관심을 두겠다는 선언으로 볼 수 있다. 이는 공생적 ESG 경영으로 비재무적인 부분을 더 중시함으로써 수익 창출만을 목적으로 하지 않고, 인류와 지역 주민의 행복 그리고 불자, 승려, 종무원들을 위해 노력하겠다는 의지의 표현이라고 할 수 있다.

또 조계종은 공생적 ESG 경영 선언을 통해서 사찰의 지속가능한 경제를 중시하고, MZ세대의 종교성 변화에 대응한 새로운 가치 소비, 윤리적 소비 의식 고양, 환경적 가치와 윤리적 행동 강령 등을 제시할 수 있다. 이러한 선언은 나아가 전통문화의 역사성을 살린 신선한 포교 패러다임으로 전환하는 효과도 기대할 수 있다. 각 사찰은 현재의 양적 성장에 치중한 포교 방법을 질적 발전과 대사회적 관계 개선, 사찰 운영과 관련된 이해당사자들의 설득 등에 더 중점을 두는 방법으로 전환해야 한다.

공생적 ESG 경영 선언을 통해 사찰은 변화하는 환경에 능동적으로 대응하고 포교 역량을 강화할 수 있을 뿐만 아니라 새로운 포교 전략을 수립할 때도 효과적인 방안을 모색할 수 있다. 조계종은 농경 사회의 전통과 문화적 유습이 강하게 남아 있는 조직이었기에, 산업 사회에서 정보화 사회로 전환되는 과정에서 효과적인 포교 활동을 전개하지 못했던 것이 주지의 사실이다. 이러한 상황에 공신력을 갖춘 사찰에서 공생적 ESG 경영을 선언한다면 고도화된 정보 기술을 바탕으로 대사회적 네트워크를 강화하고, SNS를 활용해 더 효과적인 설득력과 실천력을 발휘하는 메시지를 전달할 수 있다.

더 나아가 불교계가 30개 종단이 참여하는 종단협의회 차원으로 공생적 ESG 경영을 선언한다면 불교계 전체에 큰 파장을 일으킬 수 있다. 조계종단 차원에서 선언문을 발표할 경우 총무원을 비롯한 중앙종무기관에서 먼저 공생적 ESG 경영을 선언하고, 25개 교구본사 및 산하 사찰이 선언식을 봉행함으로써 그 파급력을 확산할 수 있을 것이다.

이처럼 기관의 선도적 공생적 ESG 경영 선언 이후 불교계 교육·복지·언론기관, 각종 신행단체 등이 단위별로 공생적 ESG 경영에 동참하는 단계로 나아가는 것이 바람직하다. 불교계에서 공생적 ESG 경영 선언을 한다면 다음과 같은 내용이 포함되어야 한다.

첫째, 한국 불교 종단 및 산하 사찰과 기관들은 자연환경의 보존과 수행환경의 유지를 위해 최선을 다한다. 이를 위해서 사찰 주변의 난개발을 막고, 재생 에너지 활용을 높이고, 쓰레기 배출을 줄이며, 일회용품 사용을 억제하여 탄소 발생을 줄인다. 이를 통해 사찰은 전통문화, 생태환경을 보호하고 국민의 건강과 복지에 기여하는 선도적 역할로 문화유산이 가지는 관계성의 가치를 높일 수 있다.

둘째, 한국 불교 종단 및 산하 사찰과 기관들은 사회적 관점에서 공생적 ESG 경영을 실천하기 위해 동반성장, 다양성 및 양성평등, 지역사회 봉사 등에 헌신한다. 이를 위해 활동 주체와 자원의 적극적 연대와 공조가 필요하다. 종단이 의지를 가지고 산하 단체뿐만 아니라 지역사회와 협의 체계를 마련해 인재 교육과 자원의 동원 및 활동 분야 조정을 통한 실행의 효율화를 도모할 수 있다.

셋째, 한국 불교 종단 및 산하 사찰과 기관들은 윤리 경영을 준수하고 사찰운영위원회를 활성화하며, 신도와 종무원의 사찰 운영 참여를 확대한다. 이 기구는 수행과 재정을 분리하여 사부대중이 공동으로 참여하고, 거버넌스 시스템을 확립하여 낭비적인 불사를 견제하고, 사찰 재정을 튼실하게 하여 사회적 약자들을 보듬고 구제하는 대승의 도량으로 거듭나게 하는 이미지를 설정할 수 있다.

불교계의 공생적 ESG 경영 선언은 사찰과 종무원, 개인과 기업의 역할에서 공동체 윤리의식으로 사회 분야의 투명성 강화를 실현하는 방안이다. 그리고 전통사찰이 과거를 기억하는 장소가 아니라 살아 있는 유산으로서, 오늘날 우리의 삶과 함께 진화하며 문화를 창출하는 장소라는 것을 알릴 수 있다.

불교계의 공생적
ESG 경영 평가 지표

조계종은 지역사회의 불교 발전에 기여하고
사회적 책임을 위해 노력하며
공생적 ESG 경영을 통해
지속가능한 성장을 지향해야 한다.

환경 분야
평가 지표

●

　　　　　　최근 전통사찰들은 생물의 다양성
보전 및 방문객의 이용에 대한 책임과 보존 등을 독려해야 하는
중차대한 문제에 직면해 있다. '꿀벌이 사라지면 인류가 멸망한다.'
는 말이 있다. 이는 기후위기와 맞물려 생태계의 파괴가 인류에게
초래할 수 있는 위험을 상징하는 사례로, 생물다양성 보존을 위해
인류가 노력해야 하는 이유를 극명하게 보여 준다.

　불교계가 환경문제 해결에 앞장서기 위해서는 자연 및 수행환
경 보전을 위한 공생적 ESG 경영의 비전과 목표를 실정하고, 사부
대중과 전문가가 참여하는 점검 체계를 확보해야 한다. 이어 불교
계는 자연 및 수행환경 보전을 위한 교육 프로그램을 운영하고, 방
문객을 위한 상설 전시장 등을 설립해 봉사 정신을 함양해야 한다.
각 사찰은 에너지 사용량에 대한 목표치와 저감치를 설정하고 공
개된 장소에 이를 확인할 수 있는 그래프를 설치해야 한다.

　온실가스 배출 저감을 위해서는 가까운 길은 걸어서 이동하고
대체 이동 수단을 이용함으로써 저감되는 온실가스 배출량을 확
인할 필요가 있다. 신에너지 조성 부분에서는 충분한 검토와 대응

이 필요한데 단순 홍보에만 그치지 않고 실천적 방안을 강구할 필요가 있다. 사찰 방문객들에게 에너지 절약 안내문을 배부해 환경 문제의 심각성을 일깨우고, 재생 에너지 사용 비율을 높여 온실가스를 줄이는 노력을 해야 한다.

시대 변화에 따라 전통사찰이 사용하는 생활용수 중 상수도의 비중이 커지고 있다. 이를 효과적으로 관리하기 위해서는 생활용수 사용량 및 오폐수 배출량의 관리 기준을 세워야 한다. 사찰 방문객의 목적이 기도가 아닌 여가일 경우, 여가 활동 과정에서의 폐기물 배출이나 산림 자원 및 생태계 서식지 훼손에 대한 감시 시스템을 마련해야 한다. 또 공생적 ESG 경영을 위해 사찰이나 단체에서 행사를 치르거나 기념품을 제작할 때 친환경 인증 제품을 사용하고 이에 대한 방문객의 만족도 등을 평가할 지표를 세워야 한다.

환경 분야에서는 에너지, 폐기물, 자원 등 세 영역으로 구분했다. 에너지 영역에서는 사용하지 않는 전등 끄기, 에너지 효율이 높은 가전제품 사용하기 등을 점검하도록 한다. 지속가능한 운송을 위해 대중교통 이용, 카풀 이용, 자전거 타기 및 걷기 등을 점검하는 항목을 두어 화석 연료에서 배출되는 탄소를 감축한다.

폐기물 영역에는 일상생활에서 사용하는 모든 제품을 제로 웨이스트(Zero Waste) 목표에 부합하는 친환경 제품을 사용하도록 점검하고, 비품이나 물품 구매 시 일반 쓰레기를 최소화한다. 자원 영역에는 물 사용으로 인한 오염수 배출 저감, 육류 소비의 절제 등을 항목으로 두어 자원순환성 대체 계획을 세운다.

환경 분야 공생적 ESG 경영 평가 항목

분야	세부 영역	평가 항목	평가 지표
환경	에너지	신도들에게 환경 교육 시행 여부	예/아니오
		사용하지 않는 전등 끄기 실천	예/아니오
		에너지 효율이 높은 가전제품 사용	5점 척도
		단열재 사용 및 부착 여부	5점 척도
		자동 온도 조절 장치 사용 여부	5점 척도
		대중교통 이용	5점 척도
		신도들 사이의 카풀 이용	5점 척도
		자전거 혹은 걷기 이용	5점 척도
	폐기물	최소 소비 의식의 확산	예/아니오
		유기물 퇴비화	5점 척도
		폐기물 발생 저감 실천	5점 척도
		재활용 폐기물의 분리수거	예/아니오
		재활용 제품 사용 확대	5점 척도
		친환경 인증 제품 사용	예/아니오
	자원	육류 소비 최소화	5점 척도
		지역 생산 유기농산물 소비	5점 척도
		친환경 농법 활용	5점 척도
		물 사용 절약	5점 척도
		오염수 배출 최소화	5점 척도

환경 분야의 평가 지표는 '예/아니요'의 평가와 5점 척도로 결과를 도출하고자 설정했다.

환경 분야의 세부적인 평가 영역은 에너지 절약, 폐기물 감소, 자원 절약 등 3가지 영역에 19개의 세부 항목을 제시했다. 평가 방법은 5단계 등간척도 방식으로 평균점을 구할 수 있는 방식을 선택했다. 5단계 척도에서 1단계는 사찰에서 매뉴얼을 통해 실천 방법을 모색하는 수준, 2단계는 신도들에게 고지하는 수준, 3단계는 실천 정도를 정기적으로 점검하는 수준, 4단계는 전월 대비 실천 정도를 매월 평가하는 수준, 5단계는 부족한 부분을 인식하고 구체적인 대안을 모색하여 재점검하는 수준 등으로 구분할 수 있다.

각 단계별로 1점에서 5점까지의 점수를 부여하면 사찰에서 얼마나 적극적으로 환경운동에 동참하는가를 평균점으로 파악할 수 있다. 1점 미만은 실천할 의지가 매우 약한 수준, 2~3점 사이는 실천 의지를 보여 주고 있는 수준, 3~4점 사이는 구체적으로 실천하고 있는 수준, 4~5점은 적극적으로 실천하며 사회적으로 확산시키는 수준 등으로 평가할 수 있다. 다만 실천 내용을 5점 척도로 구분하기 어려운 경우는 '예/아니오'로 답하고 '아니오'는 0점, '예'는 5점으로 평가할 수 있다.

사회 분야
평가 지표

●

　　　　　　　　　　　사회 분야 공생적 ESG 경영의 성
과를 도출하기 위해서는 사찰 경영, 인권, 근로, 회의 등 중점 영역
을 설정하고 면밀하고 구체적인 평가 지표를 마련해 관리하고 검증
해야 한다. 이를 위해 우선 사회 분야의 공생적 ESG 경영 비전 및
방향을 중장기적 목표로 설정하고, 다음으로 인적 인프라 구성에
서 종무원의 근무환경이나 이직률 증감 등의 평가를 주요 지표로
설정했다.

　시속가능한 경영을 획립하기 위해시는 승·재가 그룹 모두 인
재 양성이 시급한데, 이를 위해서는 교육 및 훈련이 필요하다. 또
종무원의 근로 조건 개선을 위한 복리후생비 지급, 업무 환경에 있
어서 차별 금지, 근로 조건 준수, 강제 노동 금지, 인권 보호, 단체
교섭의 자유 보장이 이뤄져야 하며 안전 보건 관리 체계로 업무상
위험요인 제거가 필요하다. 근무환경 개선을 위해 산업 재해를 방
지하는 안전 위주의 지표를 개발하고 지역사회와의 동반성장 및
사회 공헌 프로그램 운영, 개인 정보 보호 체계 구축이 필요하다.

　사찰에서 사회 분야의 공생적 ESG 경영을 평가하는 영역은 크

게 세 부분으로 구분할 수 있다. 첫째는 종무행정 합리화를 통한 지속가능한 경영 전략 수립이다. 사찰을 비롯한 불교 조직, 단체 등은 종교성의 약화와 신도 감소 등의 어려움을 겪고 있다. 불교 내부의 문제의식 부족과 시대 흐름에 부응하는 포교 방식을 채택하지 못한 결과는 사찰의 재정적 압박과 경영의 어려움으로 나타났다. 이로 인해 종무행정을 담당하는 종무원들의 근무환경과 처우가 열악해지고 있다. 그러나 사찰의 지속가능한 발전을 위해서는 핵심 구성원인 종무원의 능력 개발과 처우 개선을 통해 전법교화 역량을 확대하는 노력을 게을리해서는 안 된다.

종무행정을 합리화하기 위해서는 정규직 종무원의 비율을 확대하고, 근무환경 개선을 통해 이직률을 낮추고, 종무원의 교육 및 훈련 프로그램을 활성화할 필요가 있다. 종무원의 근무환경을 개선해 동종 직종 대비 급여 비율을 높이고 안전 보건 관리 체계를 구축해 재해를 예방하기 위해 노력해야 한다. 또 사찰 내에서 차별, 강제 노동, 인권 침해 등의 문제가 발생하지 않도록 해야 사회적 평판을 고양할 수 있다.

둘째, 지역공동체성 강화를 위해 사찰은 지역사회와 동반성장을 이룰 수 있는 프로그램을 개발하고, 주민들과의 소통과 공감을 확대할 필요가 있다. 그렇게 하기 위해서는 지역 현안 문제 해결에 적극적으로 참여하며 사찰 행사나 지역 축제 등을 주민들과 함께 개최하는 방안도 모색할 수 있다. 지역의 교육기관과 학생 등에 장학금 지급, 사회·문화단체 등에 지원 확대 등에도 관심을 기울여야 한다.

불교 가치를 증진하는 나눔 문화 확산을 위해서 사찰에서는 사회복지시설을 운영할 수 있으며, 자원봉사 및 후원단체도 설립 운영할 수 있다. 최근 사찰에서 지역사회 공공복지시설을 위탁 운영하는 사례도 등장하고 있다. 복지시설 위탁 운영을 위해서는 수탁금과 함께 매년 정기적인 지원금이 투입되어야 한다.

사찰은 다문화 가정 및 이주노동자 지원 활동에도 참여함으로써 그들이 차별받지 않고 우리 사회에 적응할 수 있도록 노력할 필요가 있다. 문화복지 차원에서 사찰 공간을 활용해 전시회, 음악회 등을 개최하거나 무상으로 지원해 나눔 문화 확산에 기여할 수도 있다.

사회 분야의 평가 지표로 '예/아니요'의 평가와 5점 척도로 결과를 도출하고자 설정했다.

사회 분야 평가 항목에서 종무행정의 합리화와 지속경영 전략 수립 영역은 총 8개 항목을 도출했다. 종무원의 정규직화 비율은 모든 종무원이 비정규직일 경우 0점, 정규직 비율이 20% 이내일 경우 1점, 40% 이내일 경우 2점, 60% 이내일 경우 3점, 80% 이내일 경우 4점, 100%일 경우 5점으로 평가한다.

종무원의 이직률 감소 추이는 종무원의 근무 기간으로 평가할 수 있다. 가장 최근에 입사한 종무원의 근무 기간이 2개월 미만이며 이직이 매우 빈번할 경우 0점, 근무 기간이 6개월 미만이면 2점, 1년 미만이면 3점, 2년 미만이면 4점, 2년 이상이면 5점 등으로

분야	세부 영역	평가 항목	평가 지표
사회	종무행정의 합리화와 지속경영 전략 수립	종무원의 정규직화 비율	5점 척도
		종무원의 이직율 감소 추이	5점 척도
		종무원 교육 및 훈련 시행	5점 척도
		근무환경 개선을 위한 노력	5점 척도
		동종 직종 대비 종무원 급여 비율	5점 척도
		보건 안전 관리 체계 구축	5점 척도
		재해 발생 예방	예/아니오
	지역공동체성 강화	차별, 강제 노동, 인권 침해 금지	5점 척도
		지역사회 동반성장 프로그램 개발	예/아니오
		주민들과의 소통 및 공감 확대	5점 척도
		지역 현안 해결을 위한 노력 및 참여	5점 척도
		지역 문화축제, 사찰음악회 등의 개최	5점 척도
		지역 교육 및 사회조직과의 교류	5점 척도
	나눔 문화 확산	장학금 및 후원금 지출 확대	5점 척도
		사회복지시설 운영	예/아니오
		자원봉사단체 및 후원단체 운영	예/아니오
		자원봉사자 교육	5점 척도
		다문화가정 및 이주노동자 지원 활동	5점 척도
		전시회, 음악회 공간 무상 지원	예/아니오

평가할 수 있다. 종무원 중에서 공양주는 이직률이 매우 높은 실정이기 때문에 근무 기간이 2년 정도면 안정적인 근무환경이 형성된 것으로 볼 수 있다.

종무원 교육 및 훈련은 종무원의 업무 역량을 향상하고, 환경 변화에 대응하는 기회를 제공할 수 있으며, 더 나아가 종무원 자신이 스스로 능력을 계발하는 계기가 된다. 이 항목의 평가는 전혀 시행하지 않을 경우 0점, 최근 3년 이내에 시행한 사실이 있으면 1점, 최근 2년 이내에 시행한 사실이 있으면 2점, 최근 1년 이내에 시행한 사실이 있으면 3점, 최근 6개월 이내에 시행한 사실이 있으면 4점, 최근 3개월 이내에 시행한 사실이 있으면 5점 등으로 평가할 수 있다.

근무환경 개선을 위한 노력은 전혀 노력하지 않으면 0점, 개선 노력을 어느 정도 하면 3점, 종무원들과 적극적으로 논의하여 개선하기 위해 노력하면 5점 등으로 평가한다. 동종직종 대비 종무원 급여 비율이 50% 미만이면 0점, 60% 미만이면 1점, 70% 미만이면 2점, 80% 미만이면 3점, 90% 미만이면 4점, 90% 이상이면 5점 등으로 평가한다.

보건 안전 관리 체계 구축 항목에 대한 평가는 전혀 구축되지 않았으면 0점, 관리체계가 형성되어 있으면 3점, 잘 관리되고 있으면 5점으로 평가한다. 재해 발생 예방 항목은 예방 매뉴얼이 전혀 없으면 0점, 이따금 교육하고 있으면 1점, 최근 2년 동안 예방 교육을 시행했으면 2점, 최근 1년 이내에 시행했으면 3점, 최근 6개월 이내에 시행했으면 4점, 최근 3개원 이내에 시행했으면 5점 등으로 평가한다.

차별, 강제 노동, 인권 침해 금지 항목에 대해서는 이에 대한 인식이 전혀 없으면 0점, 채용 시 이를 고지하고 반영하면 3점, 매우 잘 지키면 5점 등으로 평가한다.

지역공동체성 강화 영역에서는 지역사회의 동반성장을 위한 프로그램 개발, 주민들과의 소통 및 공감 확대를 위한 노력, 지역 현안 해결을 위한 노력 및 참여, 지역 문화축제 참여, 사찰음악회 등의 개최, 지역 교육 및 사회조직과의 교류, 장학금 및 후원금 지출 확대 등을 평가했다.

지역사회 동반성장 프로그램 개발 항목에서는 프로그램이 전혀 없으면 0점, 개발 노력을 하고 있으면 3점, 개발하여 시행하는 사례가 있으면 5점 등으로 평가한다. 주민들과의 소통 및 공감 확대는 전혀 노력하지 않고 있으면 0점, 어느 정도 노력하고 있으면 3점, 적극적으로 노력하고 있으면 5점 등으로 평가한다. 지역 현안 해결을 위한 노력 및 참여 항목에서는 지역 현안이 무엇인지 파악되지 않고 있으면 0점, 현안을 파악하려고 노력하고 있으면 3점, 현안을 잘 파악하고 해결하기 위해 노력하고 있으면 5점 등으로 평가한다.

지역 문화축제, 사찰음악회 등의 개최 항목에서는 전혀 참여하거나 개최하는 바가 없으면 0점, 간혹 참여하거나 후원하면 3점, 매년 적극적으로 참여하거나 후원하면 5점 등으로 평가한다. 지역 교육 및 사회조직과의 교류 항목에 대한 평가는 전혀 교류하지 않고 있으면 0점, 교류 프로그램이 가끔 진행되면 3점, 매년 적극적으로 진행하면 5점 등으로 평가한다. 장학금 및 후원금 지출 확대 항목은 장학금이나 후원금이 전혀 없으면 0점, 최근 2년 이내에 시행한 적이 있으면 3점, 최근 1년 이내에 시행한 적이 있으면 5점으로 평가한다.

나눔 문화 확산 영역은 사회복지시설 운영, 봉사단체 및 후원단체 운영, 자원봉사자 교육, 다문화가정 및 이주노동자 지원, 전시회·음악회 공간 무상 지원 등의 항목으로 구성되어 있다. 사회복지시설 운영은 운영 시설이 전혀 없으면 0점, 시설을 운영할 계획을 수립하고 있으면 3점, 시설 운영을 하고 있으면 5점으로 평가한다. 자원봉사단체 및 후원단체 운영 항목은 운영 실적이 전혀 없으면 0점, 최근 3년 이내에 봉사 및 후원 활동이 있으면 1점, 최근 2년 이내에 있으면 2점, 최근 1년 이내에 있으면 3점, 최근 6개월 이내에 있으면 4점, 최근 3개월 이내에 있으면 5점으로 평가한다. 자원봉사자 교육 항목은 교육 시행 경험이 전혀 없으면 0점, 최근 3년 이내에 교육을 시행했으면 1점, 최근 2년 이내에 시행했으면 2점, 최근 1년 이내에 시행했으면 3점, 최근 6개월 이내에 시행했으면 4점, 최근 3개월 이내에 시행했으면 5점으로 평가한다.

다문화가정 및 이주노동자 지원 활동 항목은 지원 활동이 전혀 없으면 0점, 최근 3년 이내에 지원 활동이 있으면 1점, 최근 2년 이내에 있으면 2점, 최근 1년 이내에 있으면 3점, 최근 6개월 이내에 있으면 4점, 최근 3개월 이내에 있으면 5점으로 평가한다. 전시회·음악회·체육회 등 공간 무상 지원의 경우에 지원 실적이 전혀 없으면 0점, 지원 정책이 수립되어 있으면 3점, 실제 지원하고 있으면 5점 등으로 평가한다. 다만 실천 내용을 5점 척도로 구분하기 어려운 경우는 '예/아니오'로 답하고 '아니오'는 0점, '예'는 5점로 평가할 수 있다.

지배 구조 분야
평가 지표

●

조계종은 지역사회의 불교 발전에 기여하고 사회적 책임을 위해 노력하며 공생적 ESG 경영을 통해 지속가능한 성장을 지향해야 한다. 또 승가 구성원은 건전한 지배 구조와 깨끗한 조직 문화로 행동과 가치 판단의 원칙을 세워야 한다. 우선적인 과제는 종무회의 등에서 공생적 ESG 경영을 안건으로 상정하고 논의하는 것이다. 그리고 종무원과 신도의 참여를 높이기 위해 사찰운영위원회를 구성해야 한다. 갈마법에 의한 안건 처리 방식을 종단, 교구, 단위 사찰, 산하 위원회로 확산하여 효과적 운영 방안을 마련한다. 승가는 엄격한 현실 적용 기준을 정하고, 재가는 사회적 윤리 규범 실천을 위한 감시 및 평가 시스템 구축을 한다. 이 시스템을 효과적으로 운영하기 위해서는 내부 감사 기관이 필요하며 이를 통해 조직의 기능을 엄격한 잣대로 점검할 필요가 있다.

지배 구조 분야 공생적 ESG 경영 평가 영역과 세부 항목에 대한 실현 가능성을 살펴본다. 사찰의 지배 구조 분야 평가 영역은 사찰 운영의 민주화, 공공성 확대, 윤리 규범 강화의 세 영역으로 설정했다. 사찰 운영의 민주화 영역에서는 종무회의에서 공생적 ESG 경영 안건이 얼마나 논의되고 있는지, 사찰 운영 정보가 종무원이나 신도들에게 어느 정도 공개되고 있는지, 신도가 참여하는 사찰운영위원회가 얼마나 민주적으로 운영되고 있는지 등을 세부 항목으로 설정했다. 그리고 갈등 관리 및 고충 처리 방안 제시, 갈마법을 활용한 회의 운영의 민주화 정도 등도 평가 항목에 포함했다.

사찰의 공공성 확대를 위해서는 외부 감사제도 도입, 공익법인 수준의 투명한 운영, 사찰 내부 감사 및 평가 제도 운영 등을 세부 항목으로 설정했다. 윤리 규범 강화를 위해서는 윤리 규범 위반에 대한 감시 및 통제, 윤리 규범 위반 시 처벌 체계 구축, 사찰 구성원의 갈등 관리 및 고충 처리 방안이 어떻게 반영되고 있는지도 포함했다.

지배 구조 분야의 평가 지표로 '예/아니요'의 평가와 5점 척도로 결과를 도출하고자 설정했다.

지배 구조 분야의 공생적 ESG 경영 평가 항목에서 운영상의 민주화 평가 영역은 종무회의의 ESG 경영 안건 논의, 사찰 운영 정보의 공개, 신도가 참여하는 사찰운영위원회 구성, 산하 위원회의 효과적 운영과 안건 처리, 갈등 관리 및 고충 처리 방안 마련, 갈마법을 활용한 회의 운영 민주화 정도 등의 세부 항목이 있다.

종무회의 ESG 경영 안건 논의 항목은 전혀 논의되지 않으면 0점, 3년 이내에 논의된 바가 있으면 1점, 2년 이내에 논의된 바가 있

지배 구조 분야 공생적 ESG 경영 평가 항목

분야	세부 영역	평가 항목	평가 지표
지배 구조	운영상의 민주화	종무회의의 ESG 경영 안건 논의	5점 척도
		사찰 운영 정보의 공개	예/아니오
		신도가 참여하는 사찰운영위원회 구성	5점 척도
		산하 위원회의 효과적 운영과 안건 처리	5점 척도
		갈등 관리 및 고충 처리 방안 마련	예/아니오
	사찰의 공공성 확대	갈마법을 활용한 회의 운영 민주화 정도	5점 척도
		외부 감사 제도 도입	예/아니오
		공익법인 수준의 운영 투명화	5점 척도
		사찰 내부 감사 및 평가 제도 도입	5점 척도
	윤리 규범 강화	윤리 규범 위반에 대한 감시 및 통제	5점 척도
		종무원의 규범 위반에 대한 처리 체계	예/아니오
		사찰 내의 고충 처리 체계 구축	예/아니오

으면 2점, 1년 이내에 논의된 바가 있으면 3점, 6개월 이내에 논의된 바가 있으면 4점, 3개월 이내에 논의된 바가 있으면 5점으로 평가한다.

사찰 운영 정보의 공개는 사중에 전혀 공개되지 않고 있으면 0점, 신도들에게 공개되고 있으면 5점으로 평가한다. 신도가 참여하는 사찰운영위원회 구성 항목은 사찰운영위원회가 전혀 구성되어 있지 않으면 0점, 구성되었는데 운영되지 않고 있으면 1점, 연 1회 운영되면 2점, 연 2회 운영되면 3점, 연 3회 운영되면 4점, 연 4회 이상 운영되면 5점으로 평가한다.

산하 위원회의 효과적 운영과 안건 처리 항목의 평가는 산하 위원회가 전혀 구성되어 있지 않으면 0점, 구성되었는데 운영되지 않고 있으면 1점, 연 1회 운영되면 2점, 연 2회 운영되면 3점, 연 3회 운영되면 4점, 연 4회 이상 운영되면 5점으로 평가한다.

갈등 관리 및 고충 처리 방안 마련 항목은 방안이 전혀 마련되어 있지 않으면 0점, 방안이 마련되어 운영되고 있으면 5점으로 평가한다. 갈마법을 활용한 회의 운영 민주화 정도의 항목은 주지 스님이 독단적으로 운영하면 0점, 스님들 중심으로만 운영하면 1점, 사찰운영위원회 구성원들이 함께 결정하면 2점, 신도 임원들이 참여하면 3점, 구성원의 의견 수렴이 어느 정도 이루어지면 4점, 평신도들의 의견까지 수렴하여 결정하면 5점으로 평가한다.

사찰의 공공성 확대 평가 영역은 외부 감사 제도 도입, 공익법인 수준의 운영 투명화, 사찰 내부 감사 및 평가제도 도입 등의 세부 항목을 평가한다. 외부 감사 제도 도입은 시행하지 않으면 0점, 시행하고 있으면 5점으로 평가한다. 공익법인 수준의 운영 투명화는 전혀 투명하지 않으면 0섬, 형식을 갖추고 있으면 3점, 왼전 투명히게 공개 운영하면 5점으로 평가한다.

윤리 규범 강화 영역에 대한 평가는 윤리 규범 위반에 대한 감시 및 통제, 종무원의 규범 위반에 대한 처리 체계, 사찰 내의 고충 처리 체계 구축 등의 세부 항목을 평가한다. 윤리 규범 위반에 대한 감시 및 통제는 통제가 전혀 되고 있지 않으면 0점, 규정을 만들어 놓고 있으면 3점, 규정대로 잘 시행하면 5점으로 평가한다.

종무원의 규범 위반에 대한 처리 체계 항목의 평가는 처리 체계가 전혀 구축되어 있지 않으면 0점, 처리 체계와 매뉴얼이 갖추어져 있으면 3점, 매뉴얼 대로 잘 처리되고 있으면 5점으로 평가한다. 사찰 내의 고충 처리 체계 구축은 신도들이 고충을 토로할 방법이 전혀 없으면 0점, 매뉴얼이 고지되어 있으면 3점, 매뉴얼대로 잘 시행하고 있으면 5점으로 평가한다.

평가 지표는 '예/아니오'의 5점 평가, 3단계 5점 평가, 5단계 5점 평가 등으로 제시했다. '예/아니오'의 경우에 '아니오'라는 응답은 0점, '예'는 5점으로 시행하느냐 하지 않느냐 만을 평가할 경우 사용했다. 3단계 5점 평가는 전혀 시행하지 않음 0점, 매뉴얼은 갖추어져 있으면 3점, 매뉴얼대로 잘 시행하면 5점 등으로 평가할 수 있는 항목에 적용했다. 5단계 5점 평가는 시행 내용을 5단계로 제시하고 각 단계마다 1점씩 부가하여 5점 만점으로 평가하도록 만들었다.

여기서 제시한 평가 지표는 1항목 5배점 평가로, 각 항목을 1주일 시행 시 1점을 부가하여 1개월 5점 만점으로 평가하도록 만들었다. 5배점 평가를 제시한 것은 평균점을 산출해 비교하기 쉽게 하기 위함이다. 사찰 운영의 투명성을 강화하면 먼저 승단 내의 갈등을 해소할 수 있고, 신도들의 사찰 운영 참여를 촉진할 수 있다. 최근 종교 조직에 대한 평판과 성직자에 대한 신뢰도가 낮아지고 있는 상황에서 사찰의 지배 구조가 민주화되면 이를 제고하는 데 큰 도움이 될 것이다.

불교계의 공생적 ESG 경영 평가 지표

공생적 ESG
평가 지표 개발
설문지

•

ESG 경영 시스템이 필요한 사회

기업은 주기적으로 지속가능 보고서를 만들어 이해관계자들에게 공시하여 신뢰를 쌓고 있다. 불교계에서도 사찰의 규모에 따른 환경·사회·지배 구조 분야 경영을 평가·진단할 수 있는 항목을 개발하기 위해 자체적인 설문 조사가 이뤄져야 한다. 조사에 사용될 설문지는 조계종이 나아갈 비전과 경영 시스템의 체계화 정도, 공생적 ESG 경영 이념 수립 계획에 반영할 자료를 확보하기 위한 것이다. 또 지구온난화의 심화, 극단적인 노사 갈등, 독점적이고 권위주의적이며 일방적인 경영 방식과 같은 사회 문제에 선제 대응함으로써 불교의 지속가능한 발전을 도모하려는 노력의 일환이다.

설 문 지

안녕하십니까?

바쁘신 가운데 시간을 내시어 설문에 응해주셔서 감사드립니다. 이 설문조사는 '한국불교의 사찰 거주 환경 및 방문자의 실태'를 알아보기 위하여 실시하고 있습니다.

이 설문은 한국불교 사찰의 탄소배출 현황을 파악하여 기후위기의 원인인 탄소 배출을 감소하여 탄소배출과 흡수의 합이 '제로'가 되는 방향성의 설정입니다.

설문지는 크게 9부분(일반적인 사항, 사찰 방문 체험, 사찰의 현황, 에너지 사용, 사찰의 탄소배출, 사찰의 탄소배출 저감, 사회분야, 지배구조분야, 환경포교)으로 구분되고, 총 72개의 문항으로 구성되어 있습니다. 설문지 작성에는 약 10분 정도 소요됩니다. 각 문항을 읽어보시고 제시된 보기 중 귀하의 생각 또는 의견과 일치하는 번호에 체크(✓)하여 주시기 바랍니다.

'한국불교의 공생적 ESG 경영 시나리오'와 '전통사찰 탄소중립 로드맵'을 마련하기 위한 기초자료로 사용됩니다. 이 현황조사로 수집된 정보는 위의 목적으로만 사용되며, 조사에 참여함으로써 본 연구자의 정보를 제공하는 것에 동의를 해주신 것으로 간주합니다. 물음에 가능한 사항에만 표시를 해주시고, 물음에 해당하는 항목이 없는 경우에는 건너뛰어도 됩니다.

지도교수 : 동국대학교 대학원 부디스트비지니스학과
교수 조기룡

연구자 : 동국대학교 대학원 부디스트비지니스학과
박사과정 김선지(선지)

1. 다음은 '일반적인 사항'에 대한 설문입니다.(신도, 방문객)
각 문항에 대해 체크(✓)해 주세요.

(1). 귀하의 성별은 어떻게 되십니까?
　① 남성　　② 여성

(2). 귀하의 연령은 어떻게 되십니까? (　　세)

(3). 귀하의 1개월 사찰 방문 횟수는? (　　회)

(4). 귀하의 사찰 방문 동반자는? (숫자 표기)
　① 혼자(　) ② 가족·친척(　) ③ 친구(　) ④ 동료(　) ⑤ 단체(　)

2. 다음은 '사찰 방문 체험'에 대한 설문입니다.

문 항	매우부족하다 ←		→ 매우 좋다		
1.탄소 직접 배출 감축을 실천한다.	①	②	③	④	⑤
2.대중교통을 이용한다.	①	②	③	④	⑤
3.카풀 및 카쉐어링을 활용한다.	①	②	③	④	⑤
4.차량의 공회전을 하지 않는다.	①	②	③	④	⑤
5.본인이 사용한 전등은 소등한다.	①	②	③	④	⑤
6.전력 기기의 사용을 최소화 한다.	①	②	③	④	⑤
7.냉.난방기의 적정 온도를 지켜 사용을 한다.	①	②	③	④	⑤
8.가급적 걸어서 이동한다.	①	②	③	④	⑤
9.폐기물 감축을 실천한다.	①	②	③	④	⑤
10.제로 웨이스트를 실천한다.	①	②	③	④	⑤
11.비닐봉투를 이용하거나 지참하지 않는다.	①	②	③	④	⑤
12.본인이 사용한 쓰레기는 가지고 간다	①	②	③	④	⑤
13.음식물을 남겨 쓰레기로 만들지 않는다.	①	②	③	④	⑤
14.일회용품을 사용하지 않는다.	①	②	③	④	⑤
15.분리수거를 철저히 한다.	①	②	③	④	⑤
16.플라스틱 용기를 사용하지 않는다.	①	②	③	④	⑤
17.자원 환경보존을 실천한다.	①	②	③	④	⑤
18.물 사용을 절약한다.	①	②	③	④	⑤
19.작은 타월을 지참한다.	①	②	③	④	⑤
20.샤워용품은 지참하지 않는다.	①	②	③	④	⑤
21.천연 세정제를 소량으로 사용한다.	①	②	③	④	⑤
22.개인 텀블러를 사용한다.	①	②	③	④	⑤
23.본인이 사용한 장소는 깨끗이 정리한다.	①	②	③	④	⑤

186

3. '사찰의 현황'에 대한 기초 질문입니다. (스님, 종무원)

(1). 귀 사찰의 소속은 어디인가요?
   ① 직영(   ) ② 교구(   ) ③ 직할(   ) ④ 군종(   ) ⑤ 해외(   )

(2). 귀 사찰이 속한 행정구역은 어디인가요?
   ① 특별시 ② 광역시 ③ 특례시 ④ 시 ⑤ 군

(3). 귀 사찰이 사용하는 공간은 어떤 형태인가요?
   ① 전통 ② 한옥 ③ 시멘트 ④ 골조 ⑤ 철골구조 ⑥ 기타 (   )

(4). 귀 사찰이 사용하는 공간의 소유는 어떤 형태인가요?
   ① 공찰 ② 사설 ③ 직영 ④ 국군 ⑤ 사회복지
   ⑥ 의료기관 ⑦ 교육기관 ⑧ 포교소 ⑨ 기타(   )

(5). 귀 사찰이 사용하는 공간의 총 면적은 얼마인가요?
   ① 10,000㎡ 이상( ) ② 5,000㎡ 이상( ) ③ 1,000㎡ 이상( )
   ④ 500㎡ 이상( )   ⑤ 100㎡ 이상( )   ⑥ 100㎡ 이하( )

(6). 귀 사찰에 출석하는 인원(어린이 포함)은 얼마인가요?
   ① 1,000명 이상( ) ② 500명 이상( ) ③ 250명 이상( )
   ④ 100명 이상( )   ⑤ 50명 이상( )   ⑥ 50명 이하( )

(7). 귀 사찰이 운행. 관리하는 차량의 대수는 얼마 인가요?
   ① 10대 이상( ) ② 5대 이상( ) ③ 2대 이상( )
   ④ 1대( )   ⑤ 전기차( )   ⑥ 원동기( )

(8). 귀 사찰은 '친환경 실천'을 운영하는가요?
   ① 그렇다 ② 아니다

4. '사찰의 에너지 사용'에 관한 질문입니다.

(1). 귀 사찰의 연간(1~12월) 전기 사용량은 얼마인가요?(전기요금 고지서를 확인)
   ① 연간 전기 사용량 (   ) kWh   ② 월 평균 전기 사용량 (   ) kWh
   ③ 월별 전기 사용량 (전기요금 고객번호 :)

구분	1월	2월	3월	4월	5월	6월	7월	8월	9월	10월	11월	12월
2021년												
2022년												

(2). 귀 사찰의 연간 운송. 교통 분야의 연료 사용량은 얼마인가요?
   ① 휘발유 ( ) 리터 ② 경유 ( ) 리터 ③ LPG ( ) kg

(3). 귀 사찰의 연간 냉난방, 취사에 사용하는 에너지(석유, 가스 등)사용량은 얼마인가요?
　　① 등유 (　) 리터　② 도시가스 (　) ㎥ ③ LPG (　) kg

(4). 귀 사찰의 연간 상수도 사용량은 얼마인가요? (수도요금 고지서를 확인하시기 바랍니다.)
　　① 최고 월 상수도 사용량 (　　　) ㎥　② 연간 상수도 사용량 (　　　) ㎥

5. '사찰의 탄소배출'과 관련된 질문입니다.

(1). 귀 사찰의 연간 일반 쓰레기(소각, 매립용) 배출량은 얼마인가요? (규격봉지 참조)
　　① 10,000리터 이상　　② 5,000리터 이상　　③ 1,000리터 이상
　　④ 500리터 이상　　　⑤ 100리터 이상　　　⑥ 100리터 이하

(2). 귀 사찰의 연간 음식물 쓰레기 배출량은 얼마인가요?
　　① 1,000리터 이상　　② 500리터 이상　　③ 100리터 이상
　　④ 50리터 이상　　　⑤ 10리터이상　　　⑥ 10리터 이하

(3). 귀 사찰의 연간 복사, 회람 용지 사용량은 얼마인가요?
　　① 100,000장 이상　　② 50,000장 이상　　③ 10,000장 이상
　　④ 5,000장 이상　　　⑤ 1,000장 이상　　　⑥ 1,000장 이하

(4). 귀 사찰의 연간 일회용 컵(종이, 플라스틱) 사용량은 얼마인가요?
　　① 10,000개 이상　② 5,000개 이상　③ 1,000개 이상　④ 500개 이상

(5). 귀 사찰의 연간 현수막, 게시물 사용량은 얼마인가요?
　　① 100개 이상　② 50개 이상　③ 10개 이상　④ 10개 이하

(6). 귀 사찰은 재활용품 분리 배출을 몇 종류로 나누어서 하고 있나요?
　　① 7종 이상　　② 6종 이상　　③ 5종 이상
　　④ 4종 이상　　⑤ 3종 이상　　⑥ 하지 않음

6. '사찰의 탄소배출 저감' 사항에 관련한 질문입니다.

(1). 귀 사찰이 운영하는 재생에너지(태양광, 풍력, 지열 등) 설비 규모는 얼마인가요?
　　① 100kW 이상　② 50kW 이상　③ 25kW 이상
　　④ 5kW 이상　　⑤ 3kW 이상　　⑥ 하지 않음

(2). 귀 사찰은 냉난방 설비, 조명, 창호 등의 에너지 효율을 개선하는 목적의 그린 리모델링 계획이 있으신가요?
　　① 10년 이내　② 5년 이내　③ 3년 이내　④ 없음

(3). 귀 사찰은 그린 리모델링, 에너지 절약 등을 통해 향후 절감할 수 있는 에너지의 양이 현재 에너지 사용 대비 몇 %라고 생각하시나요?
① 50% 이상　② 40% 이상　③ 30% 이상
④ 20% 이상　⑤ 10% 이상　⑥ 하지 않음

(4). 한국불교가 언제까지 탄소중립을 이루어야 한다고 생각하시나요?
① 2030년 이내　② 2040년 이내　③ 2050년 이내　④ 2060년 이후

7. '사회분야 평가 지표 수립' 사항에 관련한 질문입니다.

문 항	매우부족하다 ←		→ 매우 좋다		
1.사찰의 종무원 채용에 근로기준법의 적용	①	②	③	④	⑤
2.사찰의 종무원 교육 및 훈련 시행	①	②	③	④	⑤
3.사찰의 종무원 차별, 강제노동, 인권침해 금지	①	②	③	④	⑤
4.사찰의 동종직종 대비 종무원 급여 비율	①	②	③	④	⑤
5.사찰의 보건안전과 재해발생 예방 교육	①	②	③	④	⑤
6.사찰의 지역사회 동반성장 프로그램 시행	①	②	③	④	⑤
7.사찰음악회, 지역 문화축제 개최	①	②	③	④	⑤
8.지역 교육 및 사회조직과의 교류	①	②	③	④	⑤
9.사회복지 시설 운영	①	②	③	④	⑤
10.다문화가정 및 이주노동자 지원 활동	①	②	③	④	⑤
11.전시회, 음악회 공간 무상 지원	①	②	③	④	⑤
12.자원봉사단체 및 후원단체 운영	①	②	③	④	⑤

8. '지배구조분야 평가 지표 수립' 사항에 관련한 질문입니다.

문 항	매우부족하다 ←		→ 매우 좋다		
1.총무회의의 ESG 경영 안건 논의	①	②	③	④	⑤
2.신도가 참여하는 사찰운영위원회 구성	①	②	③	④	⑤
3.갈등관리 및 고충처리 방안 마련	①	②	③	④	⑤
4.사찰운영 정보의 공개	①	②	③	④	⑤
5.외부 감사제도 도입의 투명화	①	②	③	④	⑤
6.사찰 내부 감사 및 평가제도 도입	①	②	③	④	⑤
7.윤리규범 위반에 대한 감시 및 통제	①	②	③	④	⑤
8.종무원의 규범 위반에 대한 처리체계	①	②	③	④	⑤
9.사찰 내의 고충 처리체계 구축	①	②	③	④	⑤

10.신도의 범계 처리체계	①	②	③	④	⑤

9. 귀 사찰이 탄소배출 감소를 위해 실천 가능한 '환경포교 분야'는 무엇인가요?

① 친환경 재생용지 사용   ② 제로 웨이스트 샵 운영   ③ 친환경 로컬 푸드 구매
④ 숲, 보호지 조성 참여   ⑤ 재생에너지 생산 참여   ⑥ 초록가게 운영
⑦ 기후환경 교육과정 개설   ⑧ 1인 시위, 현장 체험   ⑨ 환경단체 후원
⑩ 기타

설문에 응답해주셔서 감사드립니다.
이메일과 연락처를 남겨주시면 감사의 선물을 보내드리고 조사 결과도 보내드리겠습니다.

Memo:

평가 지표
실현으로
불교 발전

•

　　　　　　　　　일반 기업에서 ESG 경영 지표 및
주주 지표는 경영진의 사업 목적 및 전략에 따라 상당한 영향을
받는다. 기업이 선정한 지표의 본질은 반드시 사업성에 기반하고,
실행 가능한 목표를 설정해 이를 성과로 보여 줄 수 있어야 하고,
나쁜 결과를 피할 수 있는 대비책이 있어야 한다. 이제 ESG 경영
은 선택이 아닌 기업의 생존과 성공의 핵심 요소로 부상하고 있다.
사회에 비해 늦은 감이 있지만 불교계 각 종단과 사찰들도 공생적
의식을 바탕으로 정책을 입안하고 이를 현실적으로 집행할 수 있
는 종무행정 시스템을 구축할 필요가 있다.

　　앞서 언급한 현황 조사에서 도출한 사찰의 리스크를 줄여 시대
의 흐름에 맞춰 미래를 준비해야 한다. 이를 위해 정부 조직과 연
계하는 지속가능한 전략 체계를 더욱 고도화하려는 노력이 필요
하다. 그 이유는 교구 및 단위 사찰은 공생적 ESG 경영 추진 필요
성은 인식하고 있으나 이를 어디서부터 시작하는지, 목표는 어떻게
설정하는지, 구체적인 방안은 어떻게 마련해야 하는지 등에 대한

정보가 부족하기 때문이다.

급변하는 사회에서 뒤처진 사찰 경영은 재원의 압박과 신도 감소라는 문제를 불러오고 심지어 종단의 지속가능성을 저해하는 요소가 될 수 있다. 이런 상황에서 공생적 ESG 경영 평가 지표 개발은 조계종이 직면한 여러 문제를 해결할 중요한 단서를 제공하는 계기가 될 것이다. 문제의 해결 방안에 대한 의견은 매번 갈리지만, 지역사회의 불교 발전과 사회적 책임을 위해 노력하고 공생적 ESG 경영을 실천함으로써 지속가능한 성장을 이룰 수 있음은 자명한 사실이다.

지속가능한
미래 불교를 위한 제언

ESG 경영의 궁극적 목적은
지속가능한 사회를 유지하는 데 있다.
공생적 ESG 경영은 불교뿐만 아니라
지구촌의 지속가능한 발전을 이루는
바탕이 될 것이다.

공생적
ESG 경영이
답이다

●

                지구온난화를 늦추고 사회 갈등을 완화하기 위해 불교계는 어떤 일을 해야 하는가? 지구온난화는 이산화탄소 배출이 증가하면서 나타나는 자연현상으로 지구촌 모두가 생활 방식을 바꾸어 나가면 그 속도를 조금이나마 줄일 수 있다. 따라서 과도한 이산화탄소 배출과 환경 오염을 줄이는 일은 종교나 이념을 초월해 지구촌 구성원이라면 누구나 동참해야 하는 과업이 되고 있다. 공생적 ESG 경영의 이념과 목표를 설정하고 평가 지표를 개발하는 것은 사찰을 비롯한 불교계 기관 및 단체에 구체적인 활동 지침을 제공하는 효과가 있다. 이를 통해 지금까지의 막연한 환경 보호 의식에서 벗어나 더욱 구체적이고 효과적인 활동을 펼쳐 나갈 수 있을 것이다.

    사회 양극화와 부익부빈익빈 현상도 가속화되고 있다. 이러한 상황에서 사회적 약자를 보호하고 지역사회와 공생할 수 있는 운영 체계를 갖추는 것은 불교의 사회적 의무이다. 다른 한편으로는 불교계의 대사회적 지지 기반을 구축하기 위해서도 공생적 ESG

경영의 실천이 필요한 상황이다.

현재 불교계에는 사회 변화에 따른 지속가능한 포교 활동이 요구되고 있다. 사회구성원들에게 종교의 의미는 약화되고, 신행 활동이나 법회에 동참하는 불자들의 수도 점차 감소하고 있다. 이와 같은 문제를 해결하기 위해 불교계는 지속가능한 포교를 추구해야 하는데, 이전과 다른 포교 활동의 질적 변화가 요구된다. 질적 변화는 종단만이 아니라 사회를 이롭게 함으로써 사회구성원들에게 불교에 대한 호감을 높이고 신행 활동에 동참하도록 이끌어 주는 것에서 출발한다. 따라서 불교에 대한 호감도, 긍정적 평가, 참여 욕구 등을 촉진할 수 있는 불교계의 혁신 활동이 필요하다.

공생적 ESG 경영은 지속가능한 포교, 사회와 함께하는 포교, 지역사회 주민들에게 이익과 행복을 가져다 주는 포교를 성취하는 데 기여한다. 불자와 종무원들은 사찰 운영에 참여하여 자신의 의견을 피력할 수 있고, 사찰 내·외의 다양한 봉사 활동에 참여함으로써 보람과 긍지를 느낄 수 있다. 공생적 ESG 경영은 기존의 사찰 운영 체계를 사부대중 공동체라는 조직의 구성에서 근본적으로 전환하여 불교의 이념을 실천하는 단체로 만들 수 있다. 구성원들의 인식 개선, 조직 내부의 상생 경영 전략 수립, 구체적인 실천 목표 제시 등을 통해서 불교계의 공생적 ESG 경영을 실천할 수 있다.

조계종단은 한국 불교 최대 교단으로 조직에 문제가 발생할 때 불자는 물론이고 사회 전체가 이를 인식하게 된다. 그러므로 붓다의 가르침을 전하는 승가 구성원은 건전한 지배 구조와 깨끗한 조직 문화로 행동과 가치 판단의 원칙을 세움으로써 사회에 귀감이 되어야 한다.

사무량심의
섭수 리더십이
필요하다

●

　　　　　　　　　　　불교계에서 공생적 ESG 경영 논
의는 걸음마 단계이다. 종단 차원은 물론 구성원들에게도 공생적
ESG 경영에 대한 인식이 형성되지 않았기 때문이다. ESG 경영이
국가 간의 조율로 관심을 끌기 시작한 지 그리 오래되지 않았기에
사회적으로도 큰 반향을 불러일으키지 못한 점도 그 이유일 것이
다.

　기업의 ESG 경영 논의가 불교계의 공생적 ESG 경영 논의에 시
사하는 바가 있지만, 기본적으로 경영적 관점이 결여됐다는 점, 공
동체의 조직이나 운영 등에 관한 구체적 논의가 이루어지지 않았
다는 점에서는 아쉬움이 남는다. 앞서 언급한 분석 사례들이 시간
이 흐르면서 효과성보다는 불교환경운동이라는 상징성 수준에서
평가받고 있다는 점은 앞으로 불교환경운동의 방향을 재검토해 볼
필요가 있음을 보여 준다.

　불교계의 ESG 경영에 대한 인식이 사회에 비해 부족한 것은
당연한 결과로 볼 수 있다. 이러한 인식 부재는 불교계의 공생적

ESG 경영에 대한 활발한 논의를 저해하는 요소인데, 이는 각 종단의 중앙종무기관 소임자들의 인식 변화로부터 점진적으로 극복할 수 있을 것으로 기대한다.

공생적 ESG 경영은 불교계의 환경적 · 내부적 요인을 고려할 때 위에서 아래로의 하향식 변화가 불가피하다. 하향식 변화는 총무원장을 비롯한 중앙종무기관장들이 공생적 ESG 경영을 어젠다로 논의를 시작해야만 가능해진다. 따라서 종단적 차원에서 종책 의제로 공생적 ESG 경영을 설정할 때 보다 구체적이고 실질적인 대안을 수립할 수 있을 것이다. 이후 중앙종무기관에서 교구와 단위 사찰로, 이어 산하 교육 · 복지 · 문화 단체로 확산하는 하향식 추진이 요구된다. 불교계의 장자 종단이라고 평가받는 조계종이 선도적으로 앞장서고 종단협의회에서 이를 뒷받침한다면 불교계 전체로 공생적 ESG 경영이 확산될 것이다.

공생적 ESG 경영을 구체화하기 위해서는 조계종단 내에 실무기구를 만들고 이념과 목표 설정, 평가 지표 개발, 산하 조직 확산 로드맵 작성 및 시행 등이 이뤄져야 한다. 공생적 ESG 경영이 사찰에서 얼마나 잘 시행될 수 있느냐는 주지 스님의 리더십이 가장 중요한 요소다. 불교계에서는 주지 스님의 리더십을 다양한 형태로 제시하고 있는데, 가장 바람직한 것은 '섭수(攝受) 리더십'일 것이다.

사섭법(四攝法)은 보시를 하여 베풀 줄 알고[布施攝], 말을 사랑스럽고 기분을 상하지 않게 하고[愛語攝], 조금이라도 도움을 줄 수 있는 행위를 하고[利行攝], 동류의식으로 함께 할 수 있는 마음가짐을 갖는[同事攝] 것으로 알려진 붓다의 가르침이다. 이러한 사섭법은 주지 스님이 공생적 ESG 경영을 이끌어 갈 불교 지도자의 리더십으로 가장 적절한 자질이라고 할 수 있다. 사섭법의 가르침을 사찰 경영에 반영하는 것은 사찰 운영의 민주화, 합리화, 체계화를 성취하는데 매우 긍정적 효과를 기대할 수 있다.

지도자의 리더십이 내포하는 사무량심(四無量心)은 남을 기쁘게 하며[慈], 슬픔을 위로하고[悲], 질투하지 않으며[喜], 편 가르기를 하지 않는 것[捨]으로 사회 전체의 조화를 위해 헌신과 봉사를 하는 것을 말한다. 승속을 떠나 사회를 통합하는 중재자가 되려면 지도자 자신이 극단적 변견(邊見)에서 벗어나 뛰어난 통찰력으로 불교와 사람 사이를 친화시킬 수 있어야 한다.

한편으로 불교의 공생적 ESG 경영은 환경적 가치, 사회적 가치, 정신적 가치를 중시하는 방향으로 나아갈 필요가 있다. 환경적 가치는 지구촌의 공생을 위해서 반드시 필요하고, 사회적 가치는 사찰과 사회의 공생적 관계 형성을 위해서 필요하고, 정신적 가치는 모든 사람이 자신의 내면에 있는 불성을 자각하고 스스로 복덕과 지혜를 구족해 삶을 근본적으로 바꿀 수 있는 방향을 제시하는 것이다. 이러한 세 가지의 가치를 반영한 공생적 ESG 경영은 사찰 운영에서부터 시작되어야 한다. 사찰을 시작으로 불교계의 다양한 조직으로 확산되고 그것이 성공적인 결실을 거두면 이웃 종교와 사회로까지 확산될 수 있다.

공생적 ESG 경영의 지도자는 언제나 널리 베풀고, 항상 부드러운 말로써 대하며, 사람들을 언제나 이익되게 하고, 모든 일을 함께 하도록 대중을 이끌면 따라오지 않을 사람이 하나도 없을 것이라는 붓다의 가르침을 실천하는 이가 되어야 할 것이다.

종교 조직의
경영 윤리와
회향 정신

●

공공서비스를 제공하는 행정 기관, 주주와 구성원의 이익을 추구하는 경제적 기업, 공익을 추구하는 사회단체, 종교적 가치를 추구하는 종교단체 등과 같은 조직체들은 사회적 책임을 가져야 한다. 특히 경제적 이익을 추구하는 기업은 경영 과정에서 기업의 경제적 가치 성장과 더불어 사회의 이익과 환경의 가치를 동시에 추구함으로써 지속가능한 발전을 이루어야 한다.[95]

특히 종교 조직은 공생적 ESG 경영을 통해 사회적 책임에 더욱 민감하게 반응하고 행동할 필요가 있다. 그것은 종교 조직이 지닌 규범성, 가치성, 목적성 등이 사회의 지속가능한 발전을 추구하고 있기 때문이다. 종교 조직의 사회적 책임은 경제적 책임, 법적 책임, 윤리적 책임, 공생적 책임 등으로 구분하여 설명할 수 있다.

종교 조직은 사회의 지속가능한 발전을 도모하고 자체적인 시스템을 유지하기 위해 경제적 운영 기반을 구축해야 한다. 종교 조직은 신앙결사체이기 때문에 운영에 필요한 수입의 대부분을 신도들에 의존한다. 최근에는 수익 사업체를 운영하기도 하고 주식과 부동산 투자 등을 통해 수입을 올리는 사례도 나타나고 있다. 하지만 종교 조직의 경제적 기반은 종교적 신념 체계를 공유하는 신도들을 통해서 형성되기에, 사회적 지지 기반 형성을 위한 책임에서 자유로울 수 없다. 그러므로 종교 조직의 경제적 책임은 신도들의 신뢰를 바탕으로 하는 종교적 가치에 위배되지 않는 투자를 통해서 달성될 수 있다.

기독교 정신을 바탕으로 국제구호와 후원 활동을 전개하고 있는 월드비전의 경우 투명 경영을 통해 2022년도에 후원금, 지원금, 기타 수입으로 약 3,515억여 원에 달하는 금액을 확보했다. 수입의 대부분은 각종 후원금으로 형성되고 있으며, 수입액 중 약 4.7%인 166억 원이 정부 보조금이다. 월드비전은 개별 종교 조직이라기보다는 국제적인 후원 조직이며 핵심 사업은 지역개발, 긴급구호, 아동옹호 등이다. 또한 비정부기구(NGO) 조직으로서의 위상과 역할을 다하고 있다.[96]

한국 천주교에 속해 있는 (재)예수의꽃동네유지재단의 2020년도 수입은 약 95억9천여만 원으로 98%가 후원금으로 충당됐다. 이 중 31%는 복지시설 운영 지원비로, 25%는 복지시설 관리 운영비로, 18%는 법인 운영비로 지출됐다.[97]

대한불교조계종이 설립한 공익기부단체 아름다운동행의 2021년도 수입은 약 76억2천여만 원으로 나타났다. 이 단체는 교육 지원, 의료비 및 환자 가족 지원, 위기 가정 생계 지원, 복지시설 후원

등의 사업을 전개하고 있다.[98]

앞서 언급한 한국의 3대 종교 조직에서 운영하는 복지 및 후원 단체는 수입을 주로 후원금에 의존하고 있다. 후원금을 확보하기 위해서는 후원자의 신뢰 확보가 전제되어야 하고, 이를 위해서는 투명한 경영이 필수적이다. 또 후원금은 후원자들의 신뢰를 통해 확보된 것이니만큼 이에 대한 책임감도 뒤따른다.

사찰, 교회, 성당 등과 같은 개별 종교 조직의 재정을 확인하기는 어렵기에 구체적인 분석에는 한계가 있다. 조계종 직할교구에 속한 봉은사의 경우 운영백서를 통해 2006년부터 2012년까지 일반회계와 특별회계의 수입과 지출 내역을 상세하게 공개한 바 있다.[99] 이처럼 사찰의 수입과 지출 내역을 사회적으로 공개한 사례는 극히 드물다. 조계종 산하의 본사와 주요 사찰들은 예산과 결산을 종단 혹은 교구에 보고하고 정기적인 감사를 시행해 운영의 효율성을 높이고 있다. 종교 조직의 경제적 책임 개념에는 재정 사용 내역을 투명하게 공개하는 것도 포함된다 하겠다.

기업 경영에서의 법적 책임은 준법 경영을 의미한다. 기업이 생산, 유통, 판매 등의 행위를 할 때 각종 법률을 준수함으로써 안전한 제품 생산, 올바른 유통 질서 확립, 적정한 판매 수익 확보 등을 추구하는 것이다. 종교 조직에서의 법적 책임은 종교적 가치와 사회법적 가치의 충돌을 방지하는 것이 무엇보다 중요하다. 종교인들은 때때로 자신들의 율법이나 가치를 사회법보다 우선하려는 행동 경향을 보이곤 한다. 이는 종교의 율법에는 맞을지 모르나 만약 반

사회적이거나 비윤리적, 비도덕적 성향을 나타내게 될 때는 사회적으로 지탄을 받는다. 더 나아가 법률적 처벌을 감수해야 하는 상황도 생긴다.

종교 조직이 사회적으로 지탄받았던 대표적인 사건으로는 1978년 가이아나에서 제임스 워런 존스(James Warren Jones, 1931-1978)가 주도한 존스타운 집단 자살 사건을 들 수 있다. 일본에서는 1995년 요가 수행자를 자처했던 아사하라 쇼코(麻原彰晃, 1955-2018)[100]에 의해 벌어진 사린 살포 사건이 있었다. 우리나라에서도 1987년 32명이 살해된 오대양 사건, 아가동산 사건 등 종교 조직이 관련된 범죄가 벌어진 바 있다. 사이비 종교의 악행으로 인한 억압과 착취, 가정 파탄, 성추행, 학업 포기 등의 여러 사회 문제는 과거뿐만 아니라 현재도 빈번하게 발생하고 있다.

전 세계적으로 종교 조직이 자신들만의 율법에 갇혀 윤리성, 도덕성, 합법성, 민주성 등에 위배되는 신념으로 벌이는 악행의 사례는 무수히 많다. 특히 법률적 책임을 외면하는 종교 조직은 결국 사이비 종교로 전락할 수밖에 없다. 교묘하게 악행과 탈법을 저지르는 유사 종교, 사이비 종교가 성행하지 않게 하려면 제도화된 정직한 종교의 역할이 무엇보다 중요하다. 이러한 측면에서 종교 조직이 사회적, 법적 책임을 다하고 사회구성원으로서 신망을 얻는다면 사이비 종교가 발붙이기 어려울 것이다.

윤리(倫理, Ethics)는 사람으로서 마땅히 지켜야 할 도리나 바람직한 행동의 기준을 말한다. 즉 윤리적 책임은 처벌이나 강제가 따르는 법적 책임과 달리 어떤 사안이나 사건을 처리할 때 도덕적 자발성에 의해 책임지려는 노력을 말한다. 기업은 목적 달성을 위해서 법망을 교묘하게 피하지 않을 책임과 공정하고 정당한 행위를 다할 의무가 있다. 설령 기업이 법적 규제에 저촉되지 않는 범위에서 활동한다고 해도, 그것이 반윤리적 · 비도덕적 행위라면 사회의 지탄을 받을 수 있다. 따라서 도덕적인 기업, 투명한 기업, 환경 친화적인 요소를 중요시하는 기업에 대한 투자가 선별적으로 이뤄진다면 비도덕적 기업이나 반윤리적 기업은 더 이상 투자를 받기 어려울 것이다.

종교 조직의 경우에는 일반 기업보다 더 큰 윤리적 책임을 감당해야 한다. 이는 종교의 본령(本領)이기에 일반 기업에 비해 종교 조직을 더 윤리적이고 도덕적인 잣대로 평가하게 된다. 오늘날 법률적인 문제에서는 교묘히 벗어나 있지만 반윤리적이고 비도덕적 행위를 일삼는 사이비 종교들이 산재해 있다. 각 종교의 교리를 윤리와 도덕만으로 판단하기에는 어려움이 있다. 그렇지만 종교 조직의 윤리적 책임은 스스로 정한 도덕적 행위, 책임과 의무의 이행 등을 다하는 것에서 비롯된다.

종교 조직의 윤리적 책임은 ESG 경영에서 지배 구조와 윤리적 경영으로 좁혀지고 있다. 종교 조직에서 나타나는 윤리 규범 위반 행위는 성추행, 부당 해고, 임금 체불 및 미지급, 불공정 경쟁 및 거래, 구성원 상호 모독 및 비하, 기타 사회적 책임 위반 등이 있다. 이는 결국 법적 책임과 연계되는 경우가 많다. 종교 조직의 윤리적 책임은 투명 경영과 지배 구조 경영의 문제를 해결하는 것이다. 종교 조직이 수입 · 지출 등 재정 운영 상황을 구성원들과 공유하지 않는 것은 투명 경영의 윤리적 책임에서 자유로울 수 없는 행위다.

공생적 책임은 기업이 벌어들인 이윤의 일부를 사회에 환원함으로써 기업의 이미지를 제고하고 사회 발전에 공헌하는 것을 의미한다. 이는 기업이 사회구성원과 공생하며 차별 없는 사회를 만들어 가고, 환경과 공생하는 삶을 추구하는 것을 말한다. 종교 조직은 지역사회와 공생, 이웃 종교와 공생, 대립적 가치 집단과 공생, 갈등과 탄압을 극복하는 공생, 중생의 화합을 도모하는 공생 등을 추구하는 것이 본연의 역할이다. 이러한 역할이 발휘되는 사례를 찾는 것은 어려운 일이 아니다.

최근 청와대 개방 이후 경내에 있는 불상을 훼손하거나 사찰에 방화하는 일부 개신교인들에 의해 한국 종교계에 갈등이 야기될 조짐이 있었다. 이러한 갈등 조짐에 진보 성향의 개신교 단체인 한국기독교교회협의회가 사과 성명을 발표했고, 보수 성향의 최대 단체인 한국교회총연합회도 유감을 표명했다. 이에 대해 불교계는 공생적 사상의 자리이타로 화답한 바 있다. 이 사례에서 개신교계와 불교계 간에 오랜 갈등을 봉합하고 서로 화합하려는 의지를 엿볼 수 있다. 확연히 다른 신앙을 가졌지만 서로를 인정하고 이해하기 위한 움직임이라 할 수 있다.

이처럼 불교는 화합을 통해 정의롭고 새로운 사회적 이념을 추구하는 역할을 담당하기도 한다. 즉, 사찰의 공생적 책임은 화합을 성취하기 위한 보살행의 실천에 있다고 해도 과언이 아니다. 이러한 사례를 조명하고 이해관계가 대립하는 현실적 상황을 극복하는 방안을 모색하는 것도 종교 본연의 모습이라 할 수 있다.

오늘날 한국 사회가 직면한 문제는 다음에 제시되는 세 가지 화합 정신에서 해결의 실마리를 찾을 수 있다. 첫째는 계층 간의 화합으로 빈부 격차를 줄이고 경제적 평등을 추구하는 것이다. 둘째는 지역 간의 이견을 줄이고 이해관계의 대립에서 벗어나 지역 화합을 이루는 것이다. 셋째는 종교의 갈등과 대립을 넘어서서 화합과 공동 번영을 추구하는 종교 화합을 이루는 것이다.

계층 화합, 지역 화합, 종교 화합은 구성원들의 개별적 특성을 인정하면서도 동시에 하나로 원융(圓融)할 수 있는 화합, 일심으로 나아가면서 동시에 다중의 의견을 존중하는 화합, 보살행을 실천하면서도 중생이라는 편견에서 벗어나는 개념으로 설명할 수 있다.

종교 조직의 공생적 화합은 보살행의 실천으로 구현될 수 있다. 보살행은 자신도 이롭고 남도 이롭게 하는 자리행과 이타행으로 구성된다. 자리행은 보시(布施)·지계(持戒)·인욕(忍辱)·정진(情進)·선정(禪定)·지혜(智慧) 바라밀이며, 이타행은 방편(方便)·원(願)·력(力)·지(智) 바라밀이다. 보살행은 이러한 자리행과 이타행으로 얻어진 공덕조차도 남김없이 회향하는 것을 의미한다. 종교 조직의 공생적 화합은 종교인들의 회향 정신 실천과 연계되어 있다. 종교인들이 자기 생각에 머물지 않고 집착과 분별심을 버릴 때 공생적 화합이 실현될 수 있을 것이다.

지속가능한 미래 불교를 위한 제언

다시 불교의
근원으로
돌아가야 한다

●

ESG 경영의 궁극적 목적은 지속
가능한 사회를 유지하는 데 있다. 지속가능한 사회를 만들어 가는
데 필요한 가장 중요한 요소는 환경, 사회적 통합, 지배 구조이며
이를 실천하는 것이 바로 공생적 ESG 경영이다.

환경문제는 지구온난화로 야기되는 천재지변인데 이것은 지구
촌에 사는 인간들이 배출하는 이산화탄소의 양과 관련이 있다. 이
산화탄소가 과도히게 배출되면 대기 중에 쌓여 지구의 열이 우주
로 방출되는 것을 막아 온실 효과를 유발한다. 결국 환경문제는 화
석 연료를 과도하게 사용함으로써 나타나는 축적의 산물이다. 화
석 연료 사용이 급증하면 바다가 흡수하는 이산화탄소의 양이 증
가하고 이것이 해양 산성화를 유발해 해양 오염이 가속화된다. 석
유에서 추출된 미세 플라스틱이 대량으로 투기되는 현상도 해양
오염을 더욱 심하게 만들고 있다. 해수 온도가 상승하면서 각종 해
양 생명체가 감소하는 '죽음의 바다'가 되는 것이다. 이러한 문제를
해결하는 출발점은 환경문제를 고려한 지혜로운 소비를 실천하는

것이다. 대중교통 이용, 전기 절약, 플라스틱과 같은 오염 물질의 최소 소비, 재생 에너지의 활용, 폐기물 재사용 등과 같은 실천이 필요하다. 따라서 사찰, 교구, 종단 등 불교의 각급 단체와 기관에서는 환경문제 해결을 위해 선언을 통한 의식 고양, 구체적인 실천 목표 수립, 지속적인 점검과 개선 등의 활동을 펼쳐야 한다.

불교에서는 전통적으로 소욕지족(少欲知足)을 미덕으로 삼고 있고, 살아 있는 생명을 함부로 해치지 않으며, 중생과 국토의 은혜에 보답해야 한다는 사상을 전승해 오고 있다. 이러한 불교적 사상은 환경문제 해결에 직간접적으로 기여하고 있다. 그렇지만 일부 현대화된 사찰에서는 세간의 소비 행태를 답습하거나 환경문제에 대한 인식이 부족한 모습을 보인다. 사찰이 공생적 ESG 경영을 선언하고 환경운동을 전개한다면 불자를 포함하여 지역사회 구성원들의 인식과 태도를 바꾸고 실천적 행동을 이끌어 낼 수 있다. 공생적 ESG 경영은 사찰과 불교 기관 및 단체들이 적극적으로 환경보호운동에 앞장섬으로써 지속가능한 환경을 유지하는데 기여할 수 있다.

사회의 지속적 발전을 위해서는 정부, 기업, 가계의 3대 경제 주체들이 화합해야 한다. 특히 국가 발전을 견인하는 기업의 일관된 합리성이 중요하다. 전통적으로 기업 운영에 있어 기업주와 노동자 사이는 긴장된 관계를 보이거나 대립적 현상이 표출되는 경향이 많았다. 또 이윤을 목적으로 경영하는 기업은 주주의 이익을 대변하기 때문에 노동자나 대사회적 활동 면에서 갈등을 유발하는 경우들이 많았다. 대표적인 문제로 인권을 무시하는 노예 노동, 아동 근로, 노동자의 건강을 해치는 과도한 근로 조건이나 불합리한 노사 관계 등이 있다. 이러한 문제를 해결하기 위해 사회적 책임 경영, 산업 재해 예방, 관련 법규의 준수, 노동자 채용에 있어서 합리성 추구, 다양성의 존중, 사회 공헌 확대, 대기업과 중소기업의 동반성장 등이 요구된다.

불교계는 다양한 규모의 각급 사찰과 산하 기관 및 단체를 운영하고 있으며, 그곳에서 활동하는 인적 자원의 수도 많은 편이다. 불자들이 운영하는 기업과 그와 연관된 기업들을 포함한다면 대사회적으로 상당한 영향력을 발휘할 수 있다. 따라서 불교계의 ESG 경영 선언과 실천 그리고 평가 활동은 사회적 불평등을 완화하고 사회구성원들의 공생 관계를 형성하는 데 도움이 될 수 있다. 특히 불교의 연기론은 모든 현상이 상의상관(相依相關) 속에서 일어나고 사라지는 것을 설명하고 있기에 정부와 기업, 가계 그리고 기업활동에 참여하는 기업주와 노동자들의 관계를 원활하게 할 수 있다. 또 서로의 이해관계를 자율적으로 조정하도록 촉진할 수도 있다. 더 나아가 불교계의 각급 사찰과 산하 기관들이 솔선수범함으로써 사회적으로 선한 영향력을 발휘할 수 있다.

공생적 ESG 경영 분야에서 기업의 지배 구조는 불교의 갈마법과 대중공사 등을 통해 접근할 수 있다. 이사회와 주주총회 등 다양한 의사 결정 기관들은 의사 결정 단계에서 구성원들의 의견을 적극적으로 수렴하고, 갈등에서 화합으로 나아갈 방법을 모색해야 한다. 불교의 의사 결정 원리인 갈마법은 사회적 약자를 배려하고 소수 의견을 배제하지 않는 방법으로 활용될 수 있다. 현대 자본주의 사회에서는 돈으로 기업을 지배하는 기업주와 노동으로 임금을 받는 노동자 사이에 지속적으로 갈등이 일어나고 있다. 이러한 갈등 구조를 완화하는 방법은 성숙한 시민 의식과 건전한 노사관계 형성이다. 이를 위해서는 자비희사(慈悲喜捨), 사무량심(四無量心)을 배우고 공유하는 과정이 필요하다. 노사 관계 등에서 상대를 적으로 보지 않는 자비심과 쌍방의 의견을 수용할 수 있는 섭수력이 건전한 사회를 형성하는 원동력이 될 수 있다.

불교계의 공생적 ESG 경영은 연기법을 바탕으로 한 사회적 존재의 이해, 유신견(有身見) 타파를 통한 집단이기주의 탈피 등으로 상생과 발전을 도모할 수 있다. 이러한 활동은 결국 불교계에만 그치지 않고 지구촌의 지속가능한 발전으로 이어질 것이다.

향후 연구에서는 공생적 ESG 경영의 양적인 비교를 위한 변수 수치의 계량화된 데이터를 도출하고자 한다. 이 책에서는 조계종단에서 그동안 논의되지 않았던 공생적 ESG 경영 연구에 첫 발걸음을 내디딘 것에 의의를 두며 글을 맺는다.

ESG 경영이란 무엇인가?

1953년 미국의 경제학자인 하워드 보웬이 『경영인의 사회적 책임』이라는 저서를 발간하면서 ESG 경영의 개념이 나타났다고 보는 견해가 있다. 이 책에서 보웬은 기업의 사회적 책임(SR, Social Responsibility)은 기업인의 의무라는 개념을 제시했다.[101]

기업의 사회적 책임 범주에는 환경 오염 방지, 기업의 사회적 역할과 기능 확대 등의 내용이 포함되어 있다. 보웬에 의해 제시된 기업의 사회적 책임은 당시에는 널리 알려지지 않다가 20여년이 지난 후에야 지구촌 차원에서 공식적으로 논의되기 시작한다.

1987년 유엔환경계획(UNEP)과 세계환경개발위원회(WCED)가 공동으로 브룬트란트 보고서를 발표하면서 ESG의 개념적 논의가 본격화되었다. 이 보고서는 앞의 두 단체가 주체가 되어 '우리 공동의 미래(Our Common Future)'라는 주제로 인류가 직면한 빈곤과 인구 증가, 지구온난화로 인한 기후 파괴, 환경 파괴 등의 위기를 지적했다. 그리고 지속가능한 발전을 도모하기 위한 기업 경영의 패러다임 전환이 필요하다는 의견을 제시하면서 ESG 경영에 대한 국가적 관심을 불러일으키기 위해 노력했다.

2006년 UN은 기업의 환경·사회·지배 구조 문제가 투자에도 영향을 미칠 수 있으며, 이를 고려한 기후 관련 전략, 리스크 관리, 관련 정보 공개, 테스크포스의 재무 정보 공개 등을 권고하는 책임투자 원칙(PRI, Principle Responsible Investment)을 발표했다. 이러한 책임투자원칙은 ESG 경영이라는 개념으로 2006년 주식시장에서 처음으로 사용되면서 보편적인 용어로 자리 잡았다.[102]

2015년 G20 재무장관과 중앙은행장의 협의체인 금융안정위원회에서 기후변화 관련 재무정보공개 테스크포스(TCFD, Taskforce on Climate~related Financial Disclosures)를 구성하고, 2017년부터 표준화된 ESG 정보 공개 권고안을 발표했다. 유럽연합(EU)은 2019년부터 ESG 관련 정보 공개 의무화를 발표했고, 2021년 3월부터는 이러한 의무를 은행, 자산운용사, 연기금 등 EU 역내에서 활동하는 금융기관에 적용했다.[103]

글로벌 연기금[104] 단체들은 각각의 투자 전략을 가지고 있지만, 공통적으로는 책임투자원칙을 적용하며 자신들이 투자할 기업에 ESG 정보 공개를 요구했다. 연기금 단체들은 공개된 ESG 정보가 자신들이 투자하기에 부실하다고 판단되면 수익률과 무관하게 투자 포트폴리오에서 제외하고 있다. 그 결과 세계 각국의 기업들은 안정적으로 연기금 단체의 투자금을 확보하기 위해 ESG 경영 원리를 채택해 기업 운영에 적용하며 변화의 모습을 보이기 시작했다.

ESG는 환경(Environment), 사회(Social), 지배 구조(Governance)를

의미하는 용어로 처음에는 투자자들을 위한 투자 지침으로 사용되었다. 각국의 투자기관들은 기업의 '환경 · 사회 · 지배 구조'가 장기적인 이익에 영향을 줄 수 있다는 인식하에 투자 원칙을 만들어 이행 중이며, ESG 투자를 하겠다고 서명한 기관이 약 4,000개 이상에 이르는 것으로 알려져 있다.[105]

ESG 경영에서 고려하는 항목과 그 세부 내용은 다음과 같다.

첫째, 환경 활동(Environment Activity) 분야에서는 기후변화, 자원 고갈, 물, 공해, 생산 활동, 생태계 파괴 등의 문제에 기업이 어떻게 대응하는가를 평가하고 있다. 투자자들은 기업의 환경문제 개선 노력을 평가해 그 기업에 대한 투자 여부를 결정한다. 이는 소비자들도 기업의 환경문제 개선 노력과 그 결과에 따라 해당 기업의 물건이나 서비스 등을 구매하는데 영향을 받기 때문이다.

이러한 기업의 환경 개선 활동에는 종이 빨대 사용, 일회용 컵 회수, 재생 에너지 사용, 휴게 · 화장실 환경 개선, 재활용품을 활용한 생산, 오염 물질 저감 시설, 탄소발자국 측정 및 관리, 저탄소 배출 부문에 대한 자금 지원 등이 있다.

ESG 항목별 요소

환경(E)	사회(S)	지배 구조(G)
기후변화	인권	뇌물 및 부패
자원 고갈	현대 노예	경영진 보상
물	아동 근로	이사회 다양성 및 구조
공해	고객 만족	정치적 로비 및 기부
산림 파괴	지역사회 관계	조세 전략

둘째, 사회적 활동(Social Activity) 분야에서는 노동권, 인권, 근무 환경, 지역사회 개선, 건강과 안정성의 제고 등의 개선이나 기여를 중요하게 여긴다. 기업은 노동 관행의 악습 개선, 직원 복지 확대, 다양성 및 포용성 존중, 인권 존중과 고객 만족, 지역사회 참여 등을 실천하면서 사회적 활동에 책무를 하고 있다. 고객 중심의 접근으로 노력을 기울인 기업들은 자신들의 평판과 브랜드 가치를 높이고, 다른 기업에 비해 경쟁적 우위를 확보할 수 있으며 장기적으로는 소비자와 사회로부터 신뢰를 쌓을 수 있다.

셋째, 기업의 지배 구조(Governance) 분야에서는 뇌물 및 부패 청산, 경영진에 대한 합리적 보상, 다양한 의견을 수용하는 의사 결정, 정치적 로비와 기부에서 합리적이고 자유로운 가치의 투명한 조직적 특성을 강조하고 있다.

ESG 평가 기준과 방법

ESG 평가 지표는 국내·외에서 약 600여 개 이상이 발표되어 활용되고 있으나 평가 기준과 결과 도출 방식에 대한 정보는 대부분 공개되지 않고 있는 실정이다. 이에 산업통상자원부에서는 국내·외 주요 13개 평가 기관의 3,000여 개 이상의 지표와 측정 항목을 분석해 61개 ESG 이행·평가의 핵심 공통 사항을 마련해 한국 기업들이 활용 가능한 가이드라인으로 제시했다.[106]

산업통상자원부의 평가 지표

산업통상자원부에서는 2021년 12월 기업의 ESG 경영과 평가 방향을 제시하면서 K-ESG 가이드라인을 배포한 바 있다.[107] K-ESG 가이드라인 진단 항목 체계는 정보공시 5개 문항, 환경 17개 문항, 사회 22개 문항, 지배 구조 17개 문항 등으로 구성되어 있다.

K-ESG 정보공시(P)는 공시의 형식에 ESG 정보공시의 방식, 주기, 범위 등이 포함되어 있고, 그 내용에는 ESG 핵심 이슈 및 핵심 성과 지표(KPI, Key Performance Indicator), ESG 정보공시 검증 항목

등 다섯 가지 항목이 있다.

K-ESG 환경(E)은 9개 범주, 17개 항목이 제시되어 있다. 환경경영 분야에서는 환경경영 목표 수립과 추진 계획, 원부자재 분야에서는 원부자재 사용량과 재생 원부자재 비율이 있다. 온실가스 분야에서는 온실가스 배출량(Scope1 기업의 직접 배출+Scope2 기업의 간접 배출), 온실가스 배출량(Scope3 기타 간접 배출), 온실가스 배출량 검증 등이 있다. 에너지 분야에서는 에너지 사용량과 재생 에너지 사용 비율, 용수 분야에서는 용수 사용량과 재사용 용수 비율, 폐기물 분야에서는 폐기물 배출량과 폐기물 재활용 비율 등이 있다. 오염 물질 분야에서는 대기 오염 물질 배출량, 수질 오염 물질 배출량, 대기 및 대기 물질 등이 있다. 환경 법·규제 위반, 환경 라벨링 분야에서 친환경 인증 제품 및 서비스 항목 등이 포함되어 있다. 이 가이드라인은 기업들이 자발적으로 노동, 환경, 소비자 보호 등 광범위한 영역에서 사회적 책임을 실천하도록 하는 규범이다.

산업통상자원부 K-ESG 가이드라인

구분	주요 항목
정보공시(5)	• ESG 정보공시 방식 주기·범위 등
환경(17)	• 환경경영 목표 및 추진 체계, 친환경 인증, 환경 법규 위반 등 • 온실가스 배출량, 폐기물·오염 물질 배출량, 재활용률 등
사회(22)	• 사회 책임 경영 목표, 채용, 산업 재해, 법규 위반 등 • 채용·정규직, 산업 안전, 다양성, 인권, 동반 성장, 사회 공헌 등
지배 구조(17)	• 이사회 전문성, 이사회 구성, 주주 권리 등 • 윤리 경영, 감사 기구, 지배 구조 법규 위반 등

K-ESG 사회(S)는 9개 범주, 22개 진단 항목이 포함되어 있다. 목표 분야에서는 목표 수립 및 공시, 노동 분야에서는 신규 채용 및 고용 유지, 정규직 비율, 자발적 이직률, 교육훈련비, 복리후생비, 결사의 자유 보장 등이 포함되어 있다. 다양성 및 양성평등 분야에서는 여성 구성원의 비율, 여성 급여 비율, 장애인 고용률이, 산업 안전 분야에서는 안전 보건 추진 체계, 산업재해율 등이 포함되어 있다.

인권 분야에서는 인권 정책 수립과 인권 리스크 평가, 동반성장 분야에서는 협력사 ESG 경영, 협력사 ESG 지원, 협력사 ESG 협약사항, 지역사회 분야에서는 전략적 사회 공헌, 구성원 봉사 참여, 정보 보호 분야에서는 정보 보호 시스템 구축, 개인 정보 침해 및 구제, 사회법 · 규제 위반 분야에서는 사회 법 · 규제 위반 항목 등이 포함되어 있다.

K-ESG 지배 구조(G)는 6개 범주, 17개 진단 항목이 포함되어 있다. 이사회 구성 범주에서는 이사회 내 ESG 안건 상정, 이사회 안건 처리, 사외이사 비율, 대표이사와 이사회 의장 분리, 이사회 성별 다양성, 사외이사 전문성 등이 포함되어 있다. 이사회 활동에서는 전체 이사 출석률, 사내이사 출석률, 이사회 산하 위원회, 이사회 안건 처리 등의 항목이 포함되어 있다.

주주 권리 범주에서는 주주총회 소집 공고, 주주총회 개최일, 집중 · 전자 · 서면 투표제, 배당 정책 및 이행 등의 항목이 포함되어 있다. 윤리 경영 범주에서는 윤리 규범 위반 사항 공시, 감사 기구 범주에서는 내부 감사 부서 설치, 감사 기구 전문성 항목, 지배 구조 법·규제 위반 범주에서는 지배 구조 및 법규, 규제 위반 항목 등이 포함되어 있다.

평가 방법

K-ESG의 평가 방법은 평가 항목에 따라서 점검 기준이 다소 차이가 있다.

정보공시 범주에서는 5단계 100점 만점으로 평가한다. 1단계는 조직이 어떠한 방식으로든 ESG 정보를 공시하지 않는 경우를 0점, 2단계는 조직의 홈페이지, 지속가능 경영보고서, 사업보고서, 기타 간행물 등에 ESG 정보를 분산하여 공시하고 있는 경우 25점, 3단계는 조직의 홈페이지 등에 ESG 정보를 통합하여 공시하고 있는 경우 50점, 4단계는 정보공시를 지정된 장소에 비치하거나 특정 URL에 담고 있는 경우 75점, 5단계는 ESG 정보를 전자공시시스템 자율공시 사항으로 알리는 경우 100점으로 평가한다.

정보공시의 형식은 3단계로 평가하는데 ESG 정보공시 주기를 특정할 수 없거나 명시하고 있지 않은 경우 0점, 2년 단위 보고서로 발간·공시하는 경우 50점, 1년 단위 보고서로 발간·공시하는 경우 100점으로 평가한다.

정보공시의 내용은 5단계로 평가하고 있다. 1단계 중대성 평가 결과 또는 ESG 핵심 이슈를 공시하고 있지 않은 경우 0점, 2단계 중대성 평가 결과와 핵심 이슈를 명확히 정의하고 있는 경우 25점,

3단계는 2단계에 더해 핵심 이슈에 대해 조직이 관리하는 성과지표를 설명하고 있는 경우(예: 기후변화가 핵심 이슈일 경우 온실가스 배출량 데이터 제시 등) 50점, 4단계는 3단계에 더해 핵심 이슈가 사업적 · 사회적 관점에서 중요한 사유를 설명하고 있는 경우(예: 사업적 · 사회적 관점의 기회 요인과 리스크 요인 등) 75점, 5단계는 4단계에 더해 핵심 이슈를 관리하기 위한 시스템 및 절차를 설명하고 있는 경우(예: 조직, 전략 및 계획, 고충 처리 체계, 활동 및 교육 등) 100점으로 평가한다.[108]

환경 범주에서는 5단계를 25점 차이를 두고 계량화하여 평가하고 있다. 여기에는 환경 경영 목표, 온실가스, 전체 제품 중 친환경 인증 획득이 차지하는 비율을 평가하는 환경 리셀링 등이 포함되어 있다. 에너지 사용량, 재생 에너지 전환율, 용수를 공급받는 취수원 보호, 용수 순환 체계 구축, 폐기물 배출량 추세, 폐기물 재활용 비율, 평균 오염 물질 배출 농도 증가 추이, 오염 물질 저감 노력, 환경 법률 및 규제 위반 정도 등은 3단계로 평가하고 있다. 각 분야별로 유형을 정해 0점, 50점, 100점의 3단계로 평가하는 방법과 50점, 30점, 10점을 감점하는 방법이 있다.

사회 분야 범주에서는 협력사 ESG 경영 관련 동반성장, 지역사회 기여도, 조직이 보유하고 있는 정보 자산 등의 보호 수준, 개인 정보 침해 및 구제, 사회 법규 및 규제 위반 정도 등을 평가한다. 사회 분야의 평가는 요건을 몇 개나 충족했느냐에 따라 25점 단위로 5단계 평가를 하거나, 3단계 감점형을 적용하기도 한다. 감점은 -50점, -30점, -10점 단위로 한다.

지배 구조 범주에서는 사외이사 비율, 대표이사와 이사회의 분리, 이사회의 성별 다양성, 전체 이사 출석률, 사내이사 출석률, 이사회 산하 이사회, 주주총회 소집 공고, 주주총회 집중일 이외 개최, 윤리 규범 위반 사항 공시, 내부 감사 부서 설치 등을 25점 단위의 5단계로 평가한다.

　사외이사의 전문성 영역에서는 동종 산업 경력을 보유한 이사의 수를 기준으로 3단계로 나눠 0점, 50점, 100점의 가점을 주는 방식으로 평가한다. 이사회 안건 처리, 배당 정책 및 이행, 감사 기구 전문성 등도 3단계 가점 방식으로 평가한다. 반면 집중 · 전자 · 서면 투표제의 경우 1단계와 2단계로 구분하여 1단계는 0점, 2단계는 100점으로 평가한다. 지배 구조 법 · 구제 위반에 대한 평가는 유형별로 3단계로 구분하여 유형 1은 -50점, 유형 2는 -30점, 유형 3은 -10점의 감점형으로 평가한다.

● 주석

1 강지수 외 공저, 『2050 ESG 혁명』, 라온아시아, 2022, p.11.

2 정병순·정현철, 「지속가능 서울경제 실현 위한 중소기업 ESG 경영 활성화 방안」, 『서울연구원 자료집』, 서울연구원, 2023, pp.11~12.

3 네 가지 은혜는 부모의 은혜, 국왕의 은혜, 중생의 은혜, 삼보(三寶)의 은혜를 이르는 것이 일반적이다. 때로는 부모, 스승이나 선배, 국왕, 시주(施主)의 은혜를 이르기도 한다. 『대승본생심지관경』 2권.

4 무념·응진 옮김, 『법구경이야기 1』, 옛길, 2008, pp.588~591.

5 미야사까 유쇼 지음, 편집부 옮김, 『불교에서 본 경제사상』, 도서출판 여래, 1990, p.22.

6 미찌하다 료오슈 지음, 계환 옮김, 『중국불교사』, 우리출판사, 1997, pp.180~182.

7 에띠엔 라모뜨 지음, 호진 옮김, 『인도불교사1』, 시공사, 1998, pp.252~255.

8 SN. i, p. 42, "Kiṃsūdha vittaṃ purisassa seṭṭhaṃ, kiṃsu sucinnọ sukham āvahāti, kiṃsu have sādutaram1 rasānaṃ, katham2 jīviṃ jūvitaṃ āhu seṭṭhan ti. Saddhīdha vittaṃ purisassa seṭṭhaṃ, dhammo sucinnọ sukham āvahāti, saccaṃ have sādutaraṃ rasānaṃ, paññājīviṃ jīvitaṃ āhu seṭṭhan ti." : 전재성 역주, 『쌍윳따니까야』, 한국빠알리성전협회, 2014, p.91.

9 AN. iv, p.6, "'Satt' imāni bhikkhave dhanāni. Katamāni satta? 2.Saddhādhanaṃ, sīladhanaṃ, hiridhanaṃ, ottappadhanaṃ, sutadhanaṃ, cāgadhanaṃ, paññādhanaṃ." : 전재성 역주, 『앙굿따라니까야』, 한국빠알리성전협회, 2018, pp.1371~1375.

10 에띠엔 라모뜨 지음, 호진 옮김, 앞의 책, p.1375.

11 『잡아함경』 卷4(T2, p. 23a24~27), "世尊 俗人在家當行幾法 得現法安及現法樂 佛告婆羅門 有四法 俗人在家得現法安 現法樂"

12 『잡아함경』 卷4(T2, p. 23a28~b2), "謂善男子種種工巧業處以自營生 謂種田 商賈 或以王事 或以書疏算畫 於彼工巧業處精勤修行 是名方便具足"

13 『잡아함경』 卷4(T2, p. 23b3~6), "謂善男子所有錢穀 方便所得 自手執作 如法而得 能極守護 不令王 賊 水 火 劫奪漂沒令失 不善守護者亡失 不愛念者輒取 及諸災患所壞 是名善男子善守護"

14 『잡아함경』 卷4(T2, p. 23b7~11), "若有善男子不落度 不放逸 不虛妄 不凶險 如是知識能善安慰 未生憂苦能令不生 已生憂苦能令開覺 未生喜樂能令速生 已生喜樂護令不失 是名善男子善知識具足"

15 『잡아함경』 卷4(T2, p. 23b12~21), "謂善男子所有錢財出內稱量 周圓掌護 不令多入少出也 多出少入也 如執秤者 少則增之 多則減之 知平而捨 如是 善男子稱量財物 等入等出 莫令入多出少 出多入少 若善男子無有錢財而廣散用 以此生活 人皆名為優曇鉢果 無有種子 愚癡貪欲 不顧其後"

16 AN. ii, pp. 81~82, idha sāriputta ekacco samaṇaṃ vā brāhmaṇaṃ vā upasaṅkamitvā pavāreti:~~ vada bhante paccayenāti. so yena pavāreti taṃ na deti, so ce tato cuto itthattaṃ āgacchati so yaññad eva vaṇijjaṃ payojeti, sā 'ssa hoti chedagāminī. : 전재성 역주, 『앙굿따라니까야』, 한국빠알리성전협회, 2018, p.708

17 2004년 5월 유엔글로벌콤팩트(UNGC, United Nations Global Compact) "Who Cares Wins" 이니셔티브를 통해 처음 제기되었다. 이진성 외 공저, 『ESG경영의 이해와 실제』, 원더북스, 2022, p.39.

18 『불설장아함경』 11권(ABC, K0647 v17, p.910a16), "善生! 主於僮使以五事教授, 云何爲五? 一者隨能使役, 二者飲食隨時, 三者賜勞隨時, 四者病與醫藥, 五者縱其休假"

19 『중아함경』 33권(ABC, K0648 v18, p.72c10~c11), "初當學技術 於後求財物 後求財物已 分別作四分. 一分作飲食 一分作田業 一分擧藏 急時赴所須. 耕作商人給 一分出息利 第五爲取婦 第六作屋宅"

20 이에 대해 유필화는 부처님의 가르침은 수입과 지출을 균형 있게 하는 것이며, 수입의 3/4을 저축과 재투자에 할당하라는 가르침에 주목해야 한다고 말하고 있다. 유필화, 『부처에게서 배우는 경영의 지혜』, 한국언론자료간행회, 1997, p.136.

21 『대승본생심지관경』 4권(ABC, K1385 v37, p.506a20~b02), "是大長者所有財寶皆分爲四 : 一分財寶 , 常求息利以瞻家業 ; 一分財寶 , 以充隨日供給所須 ; 一分財寶 , 惠施孤獨以修當福 ; 一分財寶 , 拯濟宗親往來賓旅。如是四分曾無斷絕 , 父子相承爲世家業."

22 박경준, 『불교사회경제사상』, 동국대학교출판부, 2010, pp.218~219.

23 『승만사자후일승대방편방광경』 권1, (『大正藏』 12, 217b~218a).

24 Schumacher, 『Small Is Beautiful: A Study of Economics As If People Mattered』, Vintage Books, 1993.

25 E.F. 슈마허 지음, 정재원 옮김, 『人間回復의 經題』, 도서출판 명진, 1978, p.57.

26 위의 책, p.62.

27 宮坂宥勝, 『財と労働の価値 仏教の経済観』, 佼成出版社 生と仏教 第7集, 1969.

28 위의 책, p.51.

29 『대정장』 16, p.777中.

30 宮坂宥勝, 앞의 책, p.142.

31 위의 책, p.154.

32 위의 책, p.177.

33 위의 책, p.154.

34 박경준, 『불교사회경제사상』, 동국대학교출판부, 2010, p.127.

35 『대정장』 1, pp.425上~427上.

36 박경준, 앞의 책, pp.128~129.

37 『불설장아함』 第二分 〈善生經〉第十二, 16. 선생경(善生經) 제12, "善生 主於僮使以五事教授 云何爲五 一者隨能使役 二者飮食隨時 三者賜勞隨時 四者病與醫藥 五者縱其休假"

38 박경준, 앞의 책, pp.167~172.

39 박경준, 앞의 책, p.189.

40 위의 책, p.307.

41 『대반열반경』 권36, 『대정장』 12, p.851 中; 『華嚴懸談會玄記』 卷第三十五

42 박경준, 앞의 책, p.311.

43 《현대불교》, 2018.3.23. (검색일자: 2022.07.16.) https://www.hyunbulnews.com/news/articleView.html?idxno=295628

44 윤성식, 앞의 기사.

45 "개인 소유를 완전 부정하고 철저히 승가, 그것도 사방승가의 재산으로 귀속시킨다. 이러한 요구를 충분히 수용하면서도, 크기를 제한하거나 최종적인 소유를 승가로 돌리는 등의 방법을 통해 탐욕심이나 집착심을 차단하고 있음을 알 수 있다." 이자랑, 「초기불교승가의 소유와 분배」, 『불교학연구』 33호, 불교학연구회, 2012, p.18.

46 윤성식, 「불교 자본주의 시장 자본주의 대안」, 고려대학교출판부, 2011, p.321.

47 위의 책, p.326.

48 위의 책, p.331.

49 大野信三 지음, 박경준 옮김, 「불교사회경제학」, 불교시대사, 1992, pp.225~242.

50 「대승본생심지관경」 2권(ABC, K1385 v37, p.488c08~c11), "世出世恩有其四種 : 一父母恩, 二衆生恩, 三國王恩, 四三寶恩. 如是四恩, 一切衆生平等荷負"

51 「성유식보생론」 3권(ABC, K0605 v17, p.455a22~b02), "心及心所相差異耶. 五趣所攝. 自業熏習之所成故. 如無色界, 熏習之果. 離心, 心所, 無別不相應中. 此中唯說名言差別體事無異. 故是密意."

52 「대방광불화엄경」 4권(ABC, K0079 v8, p.28b16), "此世界南, 次有國土, 名曰最勇, 彼謂如來, 或稱自然淸淨, 或稱意至到, 或稱能仁, 或稱解脫王, 或稱智慧王, 或稱明行足, 或稱善誓, 或稱能寂滅, 或稱大慈, 或稱大悲, 如是等稱佛名號, 有百億萬"

53 산업통상자원부, 「K-ESG 가이드라인 v1.0」, 2021, p.45.

54 전재성 역주, 「쌍윳따니까야」, 한국빠알리성전협회, 2014, p.707.

55 김윤수, 「불교의 근본원리로 보는 반야심경·금강경」, 한산암, 2009, p.148.

56 전재성, 앞의 책, p.281.

57 전재성 역주, 「숫타니파타」, 한국빠알리성전협회, 2015, p.103.

58 「승만사자후일승대방편방광경」 1권(K0054 v6, p.1361c07~c 11), "世尊 我從今日乃至菩提 於他身色及外衆具不起疾心 世尊 我從今日乃至菩提 於內外法不起慳心 世尊 我從今日乃至菩提 不自爲己受畜財物 凡有所受悉爲成熟貧苦衆生"

59 「승만사자후일승대방편방광경」 1권(ABC, K0054 v6, p.1361c12~c18) "世尊 我從今日乃至菩提 不自爲己行四攝法 爲一切衆生故 以不愛染心 無厭足心 無罣碍心 攝受衆生. 世尊 我從今日乃至菩提 若見孤獨幽繫疾病 種種厄難困苦衆生, 終不暫捨 必欲安隱 以義饒益令脫衆生 然後乃捨"

60 김윤수 역주, 「대방광불화엄경 1」, 한산암, 2011, pp.608~614. ; 위의 내용은 원문을 축약하여 기술했다.

61 《법보신문》, 2021.6.7. (검색일자: 2021.7.16.) http://www.beopbo.com/news/articleView.html?idxno=301063

62 「불설장아함」 第二分, 〈善生經〉 第十二, "善生! 主於僮使以五事教授. 云何爲五? 一者隨能使役, 二者飮食隨時, 三者賜勞隨時, 四者病與醫藥, 五者縱其休假."

63 무비, 「법화경 강의」, 불광출판사, 2020, pp.569~571.

64 조기룡, 「종무행정론」, 동국대학교출판부, 2006, p.463.

65 「중아함경」 35권(ABC, K0648 v18, p.81c12), "是時, 尊者阿難執拂侍佛, 世尊迴顧問曰 :"阿難! 頗聞跋耆數數集會, 多聚集耶?"尊者阿難白曰 :"世尊! 我聞跋耆數數集會, 多聚集也."世尊卽告大臣雨勢 :"若彼跋耆數數集會, 多聚集者, 跋耆必勝, 則爲不衰."

66 유필화, 앞의 책, pp.106~107.

67 「묘법연화경」 6권(ABC, K0116 v9, p.784c22), "我深敬汝等, 不敢輕慢 所以者何? 汝等皆行菩薩道, 當得作佛"

68 금포정(禁捕町)은 대한불교조계종 제10교구 은해사 일주문 일원에 조선 숙종(1714년)에 '일체 생명의 살생을 금한다'고 소나무 숲을 조성한 것이다. 최근 돈명 스님(은해사 회주)은 벌목으로 훼손된 과거 숲을 기리기 위해 금강송 2,000여 기를 추가 식수했던 송림에 표식을 부착하여 보존 대책 관리를 하고 있다." 은해사성보박물관 제공, 디지털영천문화대전. (검색일자 2022.07.16.) http://yeongcheon.grandculture.

net/yeongcheon/toc/GC05100433

69 조기룡, 『사찰경영, 부처님 법대로 하면 된다』, 올리브그린, 2020, p.109.

70 《불교신문》, 2021.9.17. (검색일자: 2021.10.16) https://www.ibulgyo.com/news/articleView.
    html?idxno=213861

71 《불교신문》, 2021.7.9. (검색일자: 2021.08.16) https://www.ibulgyo.com/news/articleView.
    html?idxno=212766

72 《불교신문》, 2021.9.13. (검색일자: 2021.08.16) https://www.ibulgyo.com/news/articleView.
    html?idxno=213740

73 《헤럴드경제》, 2023.7.21. (검색일자: 2023.08.16) https://news.heraldcorp.com/village/view.
    php?ud=20230721000630

74 《불교신문》, 2023.4.12. (검색일자: 2023.08.16) https://www.ibulgyo.com/news/articleView.
    html?idxno=401242

75 《동아일보》, 2022.12.12. (검색일자: 2023.08.16) https://www.donga.com/news/article/
    all/20221212/116952568/1

76 《현대불교》, 2023.12.20. (검색일자: 2024.05.15) https://www.hyunbulnews.com/news/articleView.
    html?idxno=411773

77 김응철, 「대만 사찰의 재정 운영 체계 및 불사추진 양태」, 『대만 불교의 5가지 성공 코드』, 불광출판사,
    2012, pp.246~250.

78 한국불교문화사업단. (검색일: 2023.08.16) https://kbuddhism.com/ebook/index.html

79 김응철(2012), 앞의 책, pp.225~242.

80 김응철, 「대만 불교의 역사와 신흥 4대 종문」, 『대만 불교의 5가지 성공 코드』, 2012, p.33.

81 성운 지음, 양정연 옮김, 『인간불교의 경영과 실천』, 동국대학교출판부, 2011, p.57.

82 김응철, 위의 책, pp.106~113.

83 滿義, 『星雲模式的人間佛教』, 天下文化出版社, 2005, pp.384~391.

84 《가톨릭신문》, 2021.7.4. (검색일: 2023.07.16) https://www.catholictimes.org/article/article_view.
    php?aid=358696

85 《가톨릭평화신문》, 2022.12.11. (검색일: 2023.07.16) https://news.cpbc.co.kr/article/836817

86 《가톨릭신문》, 2022.11.20. (검색일: 2023.07.16) https://m.catholictimes.org/mobile/article_view.
    php?aid=374985

87 《꽃대뉴스》, 2022.10.21. (검색일: 2023.07.16) https://www.kkot.ac.kr/base/board/read?boardManage
    mentNo=1016&board No=22657&menuLevel=2&menuNo=340

88 《메디칼업저버》, 2022.12.15. (검색일: 2023.08.25) http://www.monews.co.kr/news/articleView.
    html?idxno=318189

89 한국기독교교회협의회, 『한국교회 2050 탄소중립 로드맵』, 생명문화위원회, 2022, pp.4~5.

90 《뉴스앤조이》, 2023.5.20. (검색일: 2023.08.25) https://www.newsnjoy.or.kr/news/articleView.
    html?idxno=305360

91 개신교회 중 서울 오륜교회는 2020년 부목사들이 중심이 되어 기독노조를 설립한 바 있다. 그러나 교
    회노조에 가입한 직원들은 당회의 결정에 따라 외주업체로 고용이 승계되도록 하고, 동의하지 않는 직
    원들은 모두 정리해고 당했다. 당시 방송실 노동자 17명 가운데 8명은 외주업체로 소속을 옮기고 1명

은 퇴사, 8명은 정리해고 등이 진행되었다. 이후 오류교회는 해고 직원 8명 중 4명을 복직시키고 외주
업체 직원 15명이 함께 일하고 있다.《민중의소리》, 2022.2.27. (검색일:2023.07.16.) https://vop.co.kr/
A00001609271.html

92 한국불교종단협의회. (검색일: 2023.07.16.) http://www.kboa.or.kr/maha/about/about_06.html

93 전재성 역주,『마하박가-율장대품』, 한국빠알리성전협회, 2014, pp.26~27.

94 "갈마는 같은 현전승가에 속하는 비구(니)들의 전원 출석으로 이루어지기 때문에, 만약 특별한 사유 없
이 결석하는 자가 있으면 갈마 자체가 성립하지 못한다." 이자랑,「승가갈마의 성립 조건에 관한 고찰-첨
파 건도를 중심으로」,『불교학연구』제4호, 불교학연구회, 2002, p.237

95 이영섭, 앞의 책, p.31.

96 월드비전,「투명 경영. 사업 재무보고서」, 2022. (검색일자:2023.07.16.) https://www.worldvision.or.kr/
business/worldvision/open_management

97 (재)예수의꽃동네유지재단. (검색일자:2022.07.16.) https://www.kkot.or.kr/home/service/report/2020

98 대한불교조계종 아름다운동행. (검색일자:2022.07.16.) http://dreaminus.org/doc.php?pn=domestic

99 봉은사에서 발표한 2012년도 실제 수입은 약 131억 원으로 나타났다. 김응철 외 공저,『봉은사운영백
서』, 봉은사, 2013, pp.344~414.

100 본명은 마쓰모토 지즈오(松本智津夫)로 1955년 일본 구마모토현에서 태어나 6세 때 시력을 잃고 1975년
맹아학교를 졸업한 뒤 침술과 약학을 공부했다. 이후 약국을 개업했으나 가짜 약을 판매한 혐의로 구속
되었다가 풀려난 후 1987년 옴 진리교를 설립한 후 1989년 도쿄시 당국으로부터 합법적인 종교단체로
인정받았다.

101 이영섭,「ESG 경영의 이론과 실제」, 인피니티컨설팅, 2022, p.5.

102 책임투자원칙(PRI)은 환경, 사회, 지배 구조와 같은 비재무적 요소들이 투자 의사 결정의 중요한 요소로
부각됨에 따라 이러한 이슈에 따른 리스크를 줄이고 장기 수익을 달성할 수 있도록 개발된 세계적으로
인정받는 책임투자 네트워크다. 이 원칙은 2004년 UN 환경 계획 금융 부분에서 처음으로 논의되었고
2년여의 준비과정을 거쳐 2006년에 출범했다.

103 이영섭, 앞의 책, pp.5~6.

104 연금(pension)과 기금(funds)의 합성어로 국가별로 자금을 조성하는 방법에 차이가 있다.

105 강지수 외 공저, 앞의 책, pp.28~30.

106 산업통상자원부. (검색일: 2022.07.10.) https://www.motie.go.kr/kor/article/ATCL3f49a5a8c/164932/
view#

107 산업통상자원부, 위 발표 인용.

108 "중대성이란 조직의 경제적, 환경적, 사회적 영향을 반영하는 측면 또는 이해관계자들의 평가와 의사
결정에 실질적으로 영향을 미치는 측면을 모두 고려하여 지속가능성에 영향. 위험, 기회 요소가 될 수
있는 항목 등이 얼마나 보고서에 다룰 가치가 있는가를 중심으로 판단한다." 산업통상자원부,「우리 기
업의 ESG 경영을 지원하는 관계부처 합동 K-ESG 가이드라인 v1.0」, p.41.

지속가능한 공생적 ESG

붓다 경영

초판 1쇄 발행   2025년 1월 24일

지은이   선지

펴낸이   오세룡
편집   여수령 정연주 손미숙 박성화 윤예지
기획   곽은영 최윤정
디자인   최지혜 고혜정 김효선
홍보 · 마케팅   정성진

펴낸곳   담앤북스
주소   서울특별시 종로구 새문안로3길 23 경희궁의아침 4단지 805호
대표전화   02-765-1250(편집부) 02-765-1251(영업부)
전송   02-764-1251
전자우편   dhamenbooks@naver.com

출판등록   제300-2011-115호
ISBN 979-11-6201-516-2 (03320)

정가 18,000원